LES 5 LEVIERS DE LA CONFIANCE

Groupe Eyrolles
61, bd Saint-Germain
75240 Paris Cedex 05

www.editions-eyrolles.com

Chez le même éditeur

Comment neutraliser les profils complexes, Marwan Mery et Laurent Combalbert

Vous mentez !, Marwan Mery

Manuel de négociation complexe, Marwan Mery et Laurent Combalbert

ISBN : 978-2-212-56513-3

LAURENT COMBALBERT
ET MARWAN MERY

LES 5 LEVIERS DE LA CONFIANCE

AIDEZ VOS COLLABORATEURS
À SE DÉPASSER !

EYROLLES

SOMMAIRE

INTRODUCTION

Lequel, de l'œuf ou de la poule, est arrivé le premier ? Qui a servi de fondement à l'autre ? La confiance naît-elle de l'excellence ou l'excellence est-elle mère de confiance ? Vaste question qui pourrait occuper des dizaines de linéaires dans les bibliothèques d'entreprises. Car la recherche de l'excellence, dans le sens d'une « performance efficiente durable », est au cœur de l'activité de l'immense majorité des organisations. Le recrutement des collaborateurs, leur formation, la constitution des équipes, la définition de la stratégie, la prise de décision, la mise en œuvre tactique, tout est fait pour concourir à la recherche d'un résultat optimal avec des moyens de plus en plus contraints. Mais comment maintenir le meilleur niveau d'excellence dans un environnement d'incertitude et d'insécurité croissantes ?

Nous sommes nombreux à nos interroger sur les meilleurs moyens de rendre nos ressources humaines, nos organisations, nos entreprises performantes sur le long terme. En analysant depuis plus de quinze ans les résultats de dizaines d'équipes dites « à haute valeur ajoutée » dans le cadre de missions complexes, de tous types, une évidence nous est apparue : ce qui confère à ces groupes humains, à ces réunions d'experts, leur capacité d'excellence opérationnelle, c'est leur haut niveau de confiance. Le constat est sans appel : résultat d'une alchimie délicate et instable, la confiance est la base fondatrice de la performance durable des organisations humaines. Mais qu'elle soit individuelle ou collective, elle ne se décrète pas et se construit chaque jour en agissant sur cinq leviers aussi complémentaires que différents.

- la confiance en soi d'abord : comment s'engager dans des actions contraintes par l'incertitude sans avoir le sentiment que l'on peut réussir et la sécurité intérieure qui s'y attache ?
- la confiance dans l'équipe ensuite : impossible d'imaginer appréhender et gérer seul la complexité d'un monde dont les mutations devancent systématiquement les prévisions les plus pessimistes. Comment affronter la multitude de risques polymorphes et la nécessité croissante d'avoir recours à des expertises de plus en plus variées et de plus en plus spécialisées sans composer une équipe efficiente ?
- la confiance hiérarchique : comment suivre un chef auquel on ne croit pas ? Pourquoi et comment confier une mission à des collaborateurs à qui l'on n'accorde qu'une confiance de façade ?
- la confiance dans la mission : peut-on imaginer aller prendre des risques pour remplir un objectif auquel on n'adhère pas ? Et comment se sentir en confiance si je ne sais pas ce que l'on attend de moi dans la situation à laquelle je dois faire face ?
- la confiance dans l'histoire enfin : comment savoir ce qu'il faut faire si on ne sait pas d'où l'on vient et si on ne sait plus ce que l'on a déjà fait ?

Cinq niveaux de confiance, cinq degrés d'excellence qui se répondent, s'entretiennent et/ou se neutralisent dans la construction d'une organisation à haute valeur ajoutée. Appeler à la confiance n'est qu'une incantation de plus ;

s'interroger sur la manière pragmatique de la construire au quotidien nous semble plus approprié. Les réflexions et les propositions qui vont suivre ne se veulent en aucune sorte être le résultat d'études scientifiques, mais seulement le fruit d'expériences atypiques et de l'analyse empirique de missions à « haute intensité ». Souhaitons qu'elles vous apporteront quelques graines de confiance à semer dans le terreau de vos entreprises ou de vos organisations humaines.

CHAPITRE 1

LE CERCLE DE CONFIANCE

Amérique du Sud – 2015. Dans une pièce exiguë située au cœur d'une ancienne usine désaffectée, une équipe de négociateurs professionnels s'apprête à prendre contact avec les ravisseurs d'Edgardo, le fils unique d'un célèbre joueur de football. La situation est désespérée : les policiers locaux ont commis des erreurs graves dans les premières heures du kidnapping, et les ravisseurs se sont aperçus que le père du petit garçon les avait prévenus. La presse a évoqué le cas, sans citer le nom de la victime, rendant toute négociation en face-à-face extrêmement difficile. Pour couronner le tout, le gouverneur de la région a interdit au père d'avoir recours à des négociateurs privés, tout en affirmant qu'il ne souhaitait pas négocier avec des criminels et que la vie de son fils pourrait être sacrifiée sur l'autel de sa politique essentiellement répressive. Toutes les lumières sont au rouge : un climat de méfiance exacerbée, que ce soit de la part des ravisseurs ou des autorités ; une urgence absolue, car Edgardo est diabétique et son traitement doit lui être administré ; une demande de rançon multipliée par trois par mesure de punition de la part des agresseurs ; la nécessité de la part de l'équipe de négociateurs professionnels

d'agir dans le plus grand secret, au risque de se voir interpellés par la police locale.
Après quarante-huit heures de négociation, Edgardo est libéré sain et sauf : il peut retrouver les siens. Si ce cas nous a marqués, c'est que nous étions les négociateurs de la libération d'Edgardo. Et les mots du père résonnent encore dans nos oreilles : « Vous avez été excellents ! Quelle confiance en vous, quelle confiance dans l'équipe ! Excellents. Merci ! »
Si l'humilité est de mise dans ce type de situation qui peut à tout moment déraper, le père a tout de même prononcé deux mots, presque indissociables et dont nous savons aujourd'hui qu'ils sont la clé de la réussite en situation complexe : « excellence » et « confiance ». Deux mots qui sont à la base de ce que nous appelons le « cercle de confiance ».

« Confiance ». S'il est un mot magique que l'on entend prononcer à chaque séminaire de rentrée ou lors de toutes les réunions de lancement de projet, c'est bien celui-là. Comme s'il suffisait de l'appeler pour qu'elle apparaisse, telle la Dame du lac surgissant face au Roi Arthur pour guider son chemin vers le Graal. Pourtant, il suffit de demander à ceux qui le prononcent de donner du sens à ce simple mot et la machine s'emballe : chacun y va de sa définition, mais rares sont ceux qui s'avèrent capables d'énumérer les leviers qui président à son installation.

La confiance est indispensable à l'action.

La confiance est nécessaire, indispensable, omniprésente. Pourtant, la confiance apparaît comme un concept flou et fourre-tout, qui regroupe de multiples notions. Dans son acception la plus usuelle, nous pourrions la définir comme un sentiment de sécurité, une foi en quelque chose ou en quelqu'un. Ce sentiment global de sécurité s'appuie sur la présomption de l'existence d'une capacité à affronter une situation donnée : « si je suis en confiance, je serai capable de faire ceci ou cela ». Ce sentiment de sécurité, pour s'exercer, implique de pouvoir suspendre, au moins de manière temporaire, l'incertitude qui entoure la situation à gérer. La confiance est donc indispensable à l'action : sans un minimum de confiance, il est impossible de se lancer dans une situation qui connaît un degré même infime d'incertitude. Et la complexité de la situation sera le seul juge de votre confiance en vous…

Évoluant dans une situation de crise qui n'en finit plus et qui n'est donc plus une crise mais un nouveau mode de fonctionnement, les entreprises ne peuvent plus se permettre de faire l'impasse sur la construction d'une confiance durable. Alors que l'on parle de crise de confiance, parlons plutôt d'une confiance de crise, qui ne serait rien d'autre que la voie vers une forme d'excellence : dans un environnement fondé sur une incertitude permanente et polymorphe, l'excellence n'est pas négociable : soit vous êtes les meilleurs, soit vous êtes morts.

L'excellence est une performance efficiente, durable et agile. Efficiente, car elle utilise les moyens les plus réduits pour arriver au niveau de résultat le plus élevé. Durable, car il ne s'agit pas seulement d'être efficace une fois, mais de l'être chaque fois. Agile, car dans un monde qui évolue perpétuellement, le changement et l'adaptation sont indispensables, ils sont devenus la norme.

L'étude et l'accompagnement de centaines d'équipes, d'entreprises ou d'organisations devant faire face à des situations particulièrement complexes ont montré que l'ingrédient fondamental de leur performance réside dans un degré de confiance élevé autour des cinq leviers que sont la confiance en soi, la confiance d'équipe, la confiance hiérarchique, la confiance dans la mission et la confiance dans l'histoire. Pour être excellentes, ces équipes ont su créer le cercle de confiance, le CIRCLE® OF TRUST.

France – 2014. Impliqué dans la gestion d'une crise technique grave, le comité de direction d'une société d'ingénierie cherche une solution au problème. Le directeur général prend la parole : « Nous devons gérer un incident que nous n'avons encore jamais rencontré, mais nos processus sont faits pour cela. Il n'y a aucune raison que nos ressources ne nous permettent pas de faire face, et comme vient de nous le dire Jean-Pierre, en charge des opérations, la situation est sous contrôle. Nous tenons donc le bon bout. Les équipes supports sont d'ores et déjà à la manœuvre, et dans quelques heures elles seront en mesure de nous annoncer une bonne nouvelle. Je tiens d'ailleurs ici à remercier l'ensemble des équipes qui nous ont permis de rétablir la situation. » Quelques heures après, devant la dégradation de la situation, le comité de direction fait appel à des experts de la gestion de crise pour les assister dans le pilotage opérationnel et dans l'aide à la décision.

Ce discours, enregistré dans la main courante audio de la cellule de crise, est édifiant. Il démontre à lui seul les causes de l'échec de cette gestion de crise. Tout d'abord, le directeur général parle d'un incident, et non d'une crise : en ne la nommant pas, on cherche à la faire disparaître pour éviter l'angoisse que ce simple mot génère. Or, un incident qui n'a encore jamais été rencontré, et qui ne fait donc l'objet d'aucun retour d'expériences passées, est bien une crise. Il affirme ensuite que les process existent pour faire face : un process sert en fait à aborder des situations déjà établies et éliminer l'incertitude. Or, en situation de crise, il n'existe aucune bonne réponse, aucune certitude, juste de bonnes questions qui permettent l'adaptation et l'improvisation éclairée. Dans la phrase suivante, le directeur général affirme que tout est sous contrôle, car c'est ce qu'on lui a dit : quoi de plus rassurant pour éliminer la notion de risque que de se persuader que tout est déjà sous

contrôle. Il affirme que les équipes support vont apporter une bonne nouvelle rapidement, en prédisant un succès inéluctable, qui ne se manifestera que bien plus tard, après l'arrivée d'experts habitués à piloter l'incertitude. Enfin, il remercie par avance les équipes, signe que pour lui la situation est déjà terminée. Grave erreur...
En rejetant la notion de crise et l'incertitude qui l'accompagne, en refusant la prise de risque par le recours au process plutôt qu'à l'agilité, en prédisant un succès avant même d'avoir commencé à agir, ce directeur général démontre que son organisation est bien loin du CIRCLE® OF TRUST.

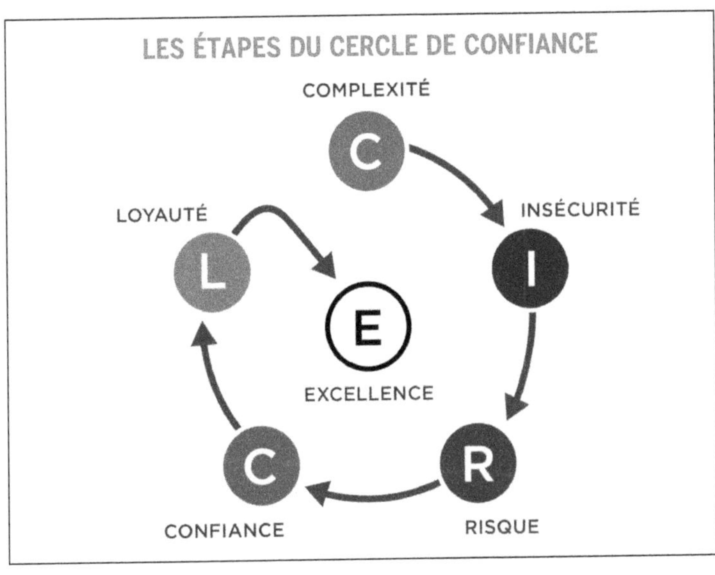

La recherche de l'excellence est omniprésente dans les organisations, qui l'invoquent régulièrement, comme pour la faire surgir de façon magique au sein de leurs équipes ou de leurs process. Mais plus qu'un simple mot, l'excellence est une dynamique difficile à installer, qui repose sur l'acceptation et l'intégration des étapes successives du CIRCLE® OF TRUST : Complexité + Incertitude + Risque + Confiance + Loyauté = Excellence.

Le CIRCLE OF TRUST® est un cercle vertueux, qui conduit à l'installation d'une confiance durable. Créer le cercle de confiance, c'est changer son état d'esprit, car en la matière, nous sommes nos premiers adversaires, les premiers à générer une défiance qui ralentit tout.

ACCEPTEZ LA COMPLEXITÉ

Il est difficile de définir clairement la « complexité », tant ce terme est utilisé dans des acceptions multiples. L'expression d'environnement complexe fait appel à la notion d'incertitude et d'imprévisibilité. Dans une situation compliquée, il existe de multiples paramètres, mais leurs interactions sont anticipées et leurs dynamiques connues : il n'existe pas d'aléatoire. Le mécanisme de la montre, qui peut porter le nom de « complication », en est un exemple parfait. Dans une situation complexe, l'interaction entre les paramètres n'est pas susceptible d'être anticipée : on ne sait jamais comment le système va évoluer, car il ne peut pas être totalement sous contrôle.

ÉVOLUER DANS UN ENVIRONNEMENT COMPLEXE

Le besoin de contrôler notre environnement est viscéral, certainement ancré dans nos instincts les plus profonds. Pour survivre, il faut que nous maîtrisions tous les paramètres du milieu dans lequel nous vivons. Nos ancêtres étaient petits, faibles et vulnérables. Face aux dangers qui les entouraient, ils n'avaient que peu de chances de survivre, et leur espèce aurait dû être vouée à la soumission des plus gros ou des plus puissants prédateurs, voire à une disparition totale. Pourtant, nos ancêtres sont devenus les meilleurs chasseurs de la planète et ont fini par la conquérir. Comment ? En maîtrisant leur environnement plus vite que les autres espèces : la station debout permettait de voir plus loin, d'anticiper les attaques, le rassemblement en groupes sociaux multipliait les compétences et les angles d'observation et l'élaboration de moyens de communication structurés permettait de transmettre des informations et des expériences, pour pouvoir garder un temps d'avance sur les circonstances. Autant d'outils permettant de réduire l'incertitude et de contrôler l'environnement. Les siècles derniers ont vu naître les religions et les croyances dogmatiques, qui apportaient des réponses toutes faites aux incertitudes de la vie : que se passe-t-il après la mort, comment gagner ma place au paradis. Les dernières décennies technologiques nous ont fourni des outils d'une puissance encore jamais égalée pour tout prévoir et tout contrôler : ordinateurs, algorithmes, processus, normes, logiciels prédictifs... Et nous y avons cru. Nous avons considéré que nous avions vaincu la complexité en contrôlant tout. Erreur fatale fondamentale : nous ne contrôlons finalement pas grand-chose : un volcan islandais a pu clouer au sol tous les avions évoluant dans le ciel européen, sans que l'on sache vraiment à quel moment le trafic aérien allait pouvoir reprendre. Un moustique brésilien a pu remettre en cause la tenue de Jeux olympiques. L'idée même du passage à l'an 2000 a pu faire douter tous les systèmes informatiques du monde de leur légendaire fiabilité.

Accepter la complexité ne conduit pas au fatalisme ni à l'accréditation soumise d'un hasard contrôlant tout. Accepter la complexité permet d'étreindre une attitude adaptée à un environnement qui change tout le temps sans que l'on puisse en prévoir toutes les évolutions.

Revenez sur votre dernier succès : la gestion d'un projet, la conduite d'une négociation, le management d'une équipe d'experts... Posez-vous la question : quels étaient les paramètres sur lesquels j'avais un total contrôle, et quels étaient ceux sur lesquels je n'avais qu'un contrôle relatif ou qui étaient totalement aléatoires ? Prenez une feuille de papier, tracez une ligne au milieu, puis positionnez les paramètres sous contrôle à gauche de la ligne et les paramètres sous contrôle partiel ou hors contrôle à droite de la ligne. Il est fort probable que la colonne de droite soit beaucoup plus fournie. Pourtant, cela vous a-t-il empêché de réussir ?

Dans notre métier de négociateurs professionnels, nous avons un principe : on ne se met jamais la pression sur des paramètres que l'on ne contrôle pas.

Dans notre métier de négociateurs professionnels, nous avons un principe : on ne se met jamais la pression sur des paramètres que l'on ne contrôle pas. Que nous soyons stressés de leur fait ou que nous ne le soyons pas, cela ne changera absolument rien. Vivre dans un environnement complexe est un état d'esprit, une façon d'être, une acceptation rassurante d'une incertitude inéluctable.

DÉJOUER LES FREINS DE LA COMPLEXITÉ

Nous avons constaté que la meilleure façon de rejeter la complexité, c'est de se construire un monde qui correspond parfaitement à l'image que l'on s'en fait. Alfred Korzybski[1] insistait sur le fait que « la carte n'est pas le

1. Alfred Korzybski, *Science and Sanity: An Introduction to Non-Aristotelian Systems and General Semantics*, Institute of General Semantics, 1933.

territoire » : nous avons tous notre vision du monde, qui n'est pas la réalité, mais qui correspond à l'image que nous nous faisons de la réalité. Pour mettre fin à la complexité, nous pouvons donc décider de nous construire une réalité rassurante qui correspond au monde tel que nous voudrions qu'il soit : en éliminant la complexité de notre carte du monde, nous sommes persuadés que tout va bien.

L'aveuglement cognitif qui conduit à neutraliser l'aléatoire et l'incertain inhérents à la complexité peut être conscient ou inconscient. Dans le premier cas, on décide de se mentir. Par facilité, par manque de loyauté, ou par paresse cognitive. Dans le second cas, c'est notre cerveau qui nous ment pour ne pas nous inquiéter : les processus qu'il met en place sont appelés « mécanismes de défense ». Petit diagnostic d'une cécité bien dangereuse…

Le psychiatre Alain Braconnier[2] décrit la grande diversité des mécanismes de défense que nous pouvons mettre en œuvre pour faire face à cette « agression psychologique » qu'est la remise en cause de notre carte du monde si rassurante. La notion même de mécanisme de défense a été élaborée par Sigmund Freud et développée par sa fille Anna Freud.

Nous ne pourrons pas citer l'ensemble de ces processus de protection, mais certains sont récurrents dans les organisations en proie aux situations complexes :

- le déni : il s'agit de la non-considération d'une partie de la réalité. Puisque la réalité est inquiétante, on ne veut pas voir ce qui se passe, ou une partie de ce qui se passe, et on occulte les faits eux-mêmes ;

2. Alain Braconnier, *Protéger son soi*, Odile Jacob, 2010.

- la dénégation : c'est le refus d'admettre la vérité. Les faits sont perçus, mais on refuse de les considérer comme réels car ils génèrent de la peur ;
- la scotomisation : le paramètre d'incertitude est inconsciemment éliminé. Les faits sont perçus, considérés comme réels, et seuls les paramètres d'incertitude sont éliminés du champ de conscience.

Les mécanismes de défense sont primordiaux pour protéger son « soi », et il n'est pas question ici de les éliminer. Cependant, connaître leur existence permet de mieux les maîtriser et d'accepter l'état d'esprit d'ouverture nécessaire à l'acceptation de la complexité. L'aveuglement n'est jamais salvateur dans la durée…

Il y a quelques années, nous assistons l'audit d'un fournisseur de bois recyclé pour le compte d'un grand groupe de luxe. Nous sommes cinq à participer à cet audit et le responsable se nomme Peter. Dans l'avion qui nous conduit vers la Chine, Peter nous fait part de ses excellentes relations avec ce fournisseur, du taux de service constant et de la qualité du bois fourni. Cependant, à la suite d'un travail de renseignement effectué auprès de locaux chinois, nous (les auteurs de cet ouvrage) doutons de la filière d'approvisionnement exclusive du bois. Ce fournisseur a été sélectionné car il clame, preuves à l'appui, que son bois est uniquement issu du recyclage, mais des informations dissonantes nous poussent à nous interroger. Nous faisons part de ces informations à Peter, mais ils les écartent d'un revers de la main, invoquant des coups bas de la concurrence, fortement intéressée pour récupérer le contrat avec ce grand groupe.

Lors du rendez-vous, un collaborateur de l'audit demande de façon anodine aux six personnes de la délégation du fournisseur de nous retracer clairement la filière d'approvisionnement du bois. À ce moment-là, nous observons des micro-expressions de peur sur le visage de deux interlocuteurs et le temps de réponse augmente dramatiquement[3]. Ils sont clairement mal à l'aise sur le sujet et toute l'équipe de l'audit le remarque. Nous demandons une levée de séance pour partager nos doutes avec Peter. Ce dernier nous répond que nous sommes paranoïaques et qu'il est nécessaire de se concentrer sur le fond du dossier. Lors du deuxième audit, conduit deux mois plus tard, sans Peter, nous apprendrons que 30 % du bois n'était pas recyclé.

Conclusion : comme la réalité peut être perçue comme inquiétante, avec pour conséquence directe de remettre en cause les schémas économiques, logistiques et stratégiques établis, Peter privilégie une cécité confortable, occultant volontairement la partie immergée de l'iceberg.

ACCEPTEZ L'INCERTITUDE

L'INCERTITUDE

L'incertitude est généralement considérée comme le contraire de la certitude. C'est une notion indissociable des concepts de doute et d'imprévisibilité. Cette définition par défaut est en soi contre-productive : la certitude serait la norme, et son contraire l'exception, c'est-à-dire ce qui déroge à la règle. Retournons la formule : l'incertitude est la règle, mais parfois nous pouvons la neutraliser par la connaissance et/ou la levée du doute.

3. Marwan Mery, *Vous mentez !*, Eyrolles, 2014.

Notre système éducatif nous amène peu à accepter l'incertitude : il est rare d'avoir des professeurs qui nous font douter de nous-mêmes. Le principe est d'apporter des réponses à des questions, car un enseignant qui n'aurait pas de réponses ne serait pas considéré comme crédible, et les premières personnes qui le lui signaleraient ne seraient pas les élèves eux-mêmes, mais leurs parents ! Alors, certains pensent qu'il vaut mieux parfois répondre une bêtise, et passer pour un sachant, que de ne pas répondre et passer pour un ignorant. Or, dans un monde complexe, « je ne sais pas » est aussi une bonne réponse.

Nous avons tous le souvenir de ce film *Le Cercle des poètes disparus,* avec Robin Williams dans le rôle du professeur Keating. Ce professeur, considéré par ses pairs comme un excentrique, fait douter ces élèves sur la réalité exprimée dans les livres de cours et sur l'ordre établi qui en découle. Nous avons tous rêvé d'avoir un tel professeur, ou même d'être ce professeur capable de considérer le doute et l'incertitude comme des paramètres parfaitement acceptables dans notre univers complexe. Alors posons-nous la question : suis-je un professeur Keating dans mon organisation ?

Posons-nous la question : suis-je un professeur Keating dans mon organisation ?

Face à l'incertitude, nous devons muscler notre QI®[4] : notre Quotient d'Insécurité. Pour en faire un outil de pilotage efficace et de création de confiance, il doit reposer sur l'acceptation d'une incertitude inéluctable. Ne doutons pas d'un fait évident : le sentiment d'insécurité sera forcément présent au moment de faire un choix.

4. Cf. chapitre 2 « La confiance en soi ».

Le doute qu'il génère peut susciter trois comportements principaux :

- le refus de l'insécurité, qui va conduire l'organisation à s'enfermer dans les procédures et les certitudes stériles ;
- l'indécision, en espérant peut-être que le doute va se dissiper de lui-même et que les certitudes vont émerger ;
- l'acceptation de l'insécurité, qui va permettre une adaptation à la situation et les prises de décision les plus efficaces.

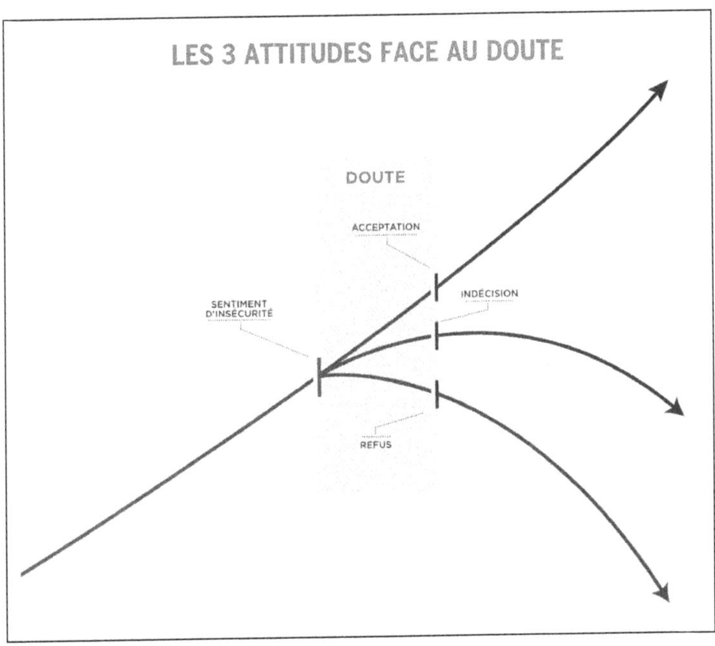

LES 3 ATTITUDES FACE AU DOUTE

Face à un choix, dans un environnement d'incertitude, la vitesse de décision est fondamentale. Le doute est un moment important, car il permet la confrontation des hypothèses. Mais il arrive un moment où ce doute doit être mis entre parenthèses pour passer de la réflexion à l'action.

LES RÉDUCTEURS D'INCERTITUDE

Notre volonté permanente d'anticipation et de contrôle nous pousse depuis toujours à l'élimination de l'incertitude. Oracles, divination, lectures de pensées, thèmes astraux sont autant de pratiques ancestrales qui n'ont pour seul objectif que de déjouer l'aléatoire en prédisant ce qui va se produire. La peur panique de l'incertitude explique que des personnes parfaitement sensées et informées tombent dans les pièges des voyantes ou autres diseuses de bonne aventure.

Si nous voulions être provocateurs jusqu'au bout, nous pourrions dire que les cartomanciennes d'hier ont été remplacées par les prévisionnistes, les agences de notation ou les instituts de sondage, avec la même efficacité toute relative. Les instituts de sondage ne sont que des révélateurs d'une opinion à un moment donné, mais beaucoup les utilisent comme des prédicteurs d'opinions futures. Comme le dit Warren Buffet : « Les prévisions vous en disent beaucoup sur ceux qui les font, elles ne vous disent rien sur l'avenir. » Et vous, qui sont vos oracles ?

Qui sont vos oracles ?

Les consultants sont-ils les nouveaux oracles ? Certains ont malheureusement tendance à le croire, et l'assurance dont ils font preuve quand ils s'adressent à leurs clients est souvent apaisante. Il n'en est rien : dans un environnement d'incertitude, être trop sûr de soi est un piège que l'on se tend à soi-même[5].

5. Cf. chapitre 2 « La confiance en soi ».

PRENEZ DES RISQUES

La notion de risque est inexorablement connotée de manière négative. Dans l'esprit de beaucoup, prendre des risques est largement perçu comme un facteur de trouble : on entend plus souvent dire : « Ne prenez pas de risques » que « Allez-y, foncez ! » De nombreuses expressions nous mettent en tête, depuis notre plus jeune âge, que le risque est une source de problèmes : « Untel est un casse-cou », « c'est un risque-tout », « prudence est mère de sûreté »… Alors que le principal risque que l'on peut courir, c'est de ne pas en prendre ! Nous devons changer notre perception du risque, en faire un moteur de l'opportunisme et l'intégrer comme une étape du CIRCLE OF TRUST®.

L'APPRÉHENSION DU RISQUE

Si l'envie vous prenait d'interroger vos collègues ou vos collaborateurs sur ce qu'ils définissent comme étant un risque, vous seriez surpris de la multitude de réponses et du nombre pléthorique de définitions : nous le savons, nous nous sommes régulièrement prêtés à ce petit jeu. L'enseignement que nous avons pu en tirer, c'est que nous sommes très inégaux dans notre capacité à appréhender les risques : ce qui est un danger pour l'un est une opportunité pour l'autre, et inversement. Appréhender les risques relève dès lors d'une vision de l'esprit plutôt que d'une analyse objective et rationnelle d'une situation donnée. Nous pouvons donc modifier notre vision de l'esprit pour apprendre à prendre des risques. Posez-vous la question :

Quel est le dernier risque que vous avez pris dans votre vie professionnelle ?

quel est le dernier risque que vous avez pris dans votre vie professionnelle ?

La pratique d'un sport à risque contribue globalement à l'amélioration de la prise de risque et à la maîtrise du danger inhérent à cette pratique : plus vous pratiquez, plus vous gérez les risques, et plus vous gérez les risques, plus vous pratiquez.

Il existe cependant un sport étonnant dans lequel l'appréhension du risque impacte très fortement la compétence à mettre en œuvre par ces pratiquants : la slackline. Ce sport, car cela en est un, consiste à marcher sur une ligne tendue au-dessus du sol. *A priori*, rien de plus simple : la ligne est en fait une sangle de 10 centimètres de large, tendue entre deux points d'ancrage. Quand la ligne est suspendue à 30 centimètres au-dessus du sol, il suffit de quelques heures pour commencer à maîtriser la marche souple et agile du funambule. Par contre, quand cette ligne est tendue à 50 mètres au-dessus du vide, il faut des années pour maîtriser le geste. Et bien peu y parviennent réellement. Techniquement, il s'agit pourtant du même geste : avancer sur une ligne de 10 centimètres de large en posant un pied devant l'autre. Dans les faits, le risque lié au vide au-dessus duquel le marcheur avance va impacter sa compétence technique au point que ceux qui savent réaliser un tel exploit sont rares.

SAVOIR PRENDRE DES RISQUES

« C'est quand une personne ose prendre des risques et s'impliquer personnellement qu'elle peut grandir et évoluer », disait l'écrivain allemand Herbert Otto. Mais si la perception du risque est essentiellement une vue de l'esprit, qu'est-ce qui nous pousse à en prendre si peu ?

Tout d'abord la peur de la sanction : le jugement des initiatives, le refus du droit à l'erreur, la sanction des idées nouvelles n'encouragent pas à s'y risquer. Dans certaines entreprises, il est parfois préférable d'appliquer une procédure qui ne fonctionne pas que de prendre le risque de sortir de la procédure pour apporter une réponse nouvelle à une situation qui l'est tout autant.

Ensuite, la pression de conformité : ceux qui sortent du cadre en prenant les risques que les autres ne veulent pas prendre sont souvent mis à l'index. Dès lors, il vaut parfois mieux subir et faire comme les autres, que prendre des risques et être montré du doigt.

Enfin, le fait que la prise de risque ne soit valorisée que lorsqu'elle conduit au succès. Si vous prenez des risques et que vous réussissez, on vous tressera des lauriers et vous serez un champion. Mais si par malheur vous ratez, vous serez sujet à toutes les opprobres et n'aurez été qu'un casse-cou inconscient. Il nous faut faire de la prise de risque un facteur de fierté, même si cela conduit à un échec. Sinon, nous risquons de tuer la capacité d'initiative et par là même la faculté d'adaptation.

Faut-il avoir confiance en soi pour prendre des risques, ou prendre des risques donne-t-il confiance en soi ?

Pour clôturer cette réflexion, une question se pose : faut-il avoir confiance en soi pour prendre des risques, ou prendre des risques donne-t-il confiance en soi ? À chacun d'apporter sa propre réponse.

ACCEPTEZ LA CONFIANCE

Personne ne reste indifférent lorsqu'il s'agit de parler de confiance : il y a ceux qui la donnent *a priori*, et ceux qui sont méfiants *a priori*. Il y a rarement de position médiane. Faire confiance n'est pas naturel et ne se décrète pas, notre instinct y étant certainement pour beaucoup. Entourés pendant des milliers d'années de prédateurs capables de nous dévorer, notre instinct nous pousse assez naturellement à faire attention à ceux qui nous entourent et à attendre leurs premiers actes pour voir s'ils sont amis ou s'ils sont hostiles.

FAIRE CONFIANCE ET SE FAIRE CONFIANCE

La méfiance naturelle s'explique certainement par notre évolution et l'histoire de notre espèce. Mais quand elle est exercée de manière systématique et excessive, elle peut être source de conflits et/ou d'incompréhensions. Quand on observe la prévalence du profil difficile[6] « paranoïaque », qui se méfie de tout et de tout le monde, on arrive pratiquement à 1 % de la population, et ceux qui doivent gérer ce type de profil au quotidien savent à quel point il est difficile d'établir une relation de confiance avec eux.

Dès notre plus jeune âge, on nous initie plus facilement à la méfiance qu'à la confiance : « Fais attention à cette personne », « Méfie-toi des gens que tu ne connais pas »… Si ce sont souvent des conseils de bon sens, ils ancrent en nous l'idée que la méfiance *a priori* est plutôt un bon moyen de protection. Alors, à quel moment lâcher prise et donner sa confiance à l'autre ? Pour couronner le tout,

6. Marwan Mery et Laurent Combalbert, *Comment neutraliser les profils complexes*, Eyrolles, 2015.

la confiance ne se donne pas intégralement : elle se gagne par goutte, mais se perd par litre. Il faut beaucoup de temps pour construire une confiance solide, et quelques secondes suffisent pour l'annihiler.

Nos organisations reposent sur la création de groupes sociaux plus ou moins grands. Se mettre en relation avec autrui, c'est déjà une prise de risque, car je ne sais pas ce qu'il attend de moi ni ce que je vais obtenir de lui. Nos premières impressions nous alertent, nos expériences nous disent s'il faut se méfier ou prendre ses distances. Mais pour construire ensemble, nous allons devoir faire confiance, et donc se faire confiance pour prendre le risque de s'ouvrir à l'autre.

À quand remonte la dernière fois où vous avez fait confiance à quelqu'un ? Était-ce bénéfique pour vous ?

DONNER SA CONFIANCE

Le refus d'accorder sa confiance à quelqu'un ou à un groupe donné est souvent lié à une expérience malheureuse : « Je me suis déjà fait avoir dans le passé, je ne suis pas près de recommencer. » Évitez de faire de l'analogisme : ce qui s'est passé hier n'est pas forcément ce qui va se reproduire demain. En étant méfiants *a priori*, nous risquons d'engendrer une réaction similaire de la part de la personne en face de nous. Il faut être courageux pour donner sa confiance. Alors, qui fera le premier le don de sa confiance à l'autre ?

Pour faire confiance efficacement, il ne faut pas être trop exigeant.

Si vous idéalisez trop les autres, ou si vous mettez la barre trop haut en terme d'attentes, vous risquez d'être déçu et la confiance accordée pourrait en être ébranlée. Pour faire confiance efficacement, il ne faut pas être trop exigeant. Cela ne veut pas dire qu'il ne faut pas l'être du tout, mais simplement qu'il faut savoir jauger ce que l'on peut raisonnablement attendre des autres. Ceux qui ont du mal à donner leur confiance sont souvent des personnes qui idéalisent les relations humaines, et qui, par une hyper exigence dans la qualité de la relation, se sentent trahies quand elle n'est pas à la hauteur des attentes initiales.

ENCOURAGEZ LA LOYAUTÉ

La « loyauté » est un mot oublié, presque désuet, remplacé par la fidélisation, la rétention, le *commitment*. Pourtant, en période d'incertitude, il devrait reprendre force et vigueur. Il s'agit d'une qualité morale fondamentale, un dévouement envers les engagements pris qui pourrait être enseigné dans les écoles et rappelé dans le monde des entreprises. Sans loyauté, la confiance reste un concept en l'air, non opérationnel, ineffectif.

LE PRINCIPE DE LOYAUTÉ

Le principe de loyauté évoque la fidélité aux engagements pris. S'engager, c'est s'impliquer suffisamment pour se sentir tenu par ce que l'on a dit, ce que l'on a promis, ce que l'on a soutenu. Malheureusement, la loyauté est une qualité morale en perte de vitesse : les médias nous montrent chaque jour le grand « bal des faux-culs », la valse des retourneurs de veste, qui s'expriment un jour pour soutenir une idée et qui le lendemain la démolissent méthodiquement, au gré du vent ou de leurs intérêts personnels. On se dit : « Cela va se voir, ce n'est pas possible de se comporter comme cela et de garder la confiance des autres. » Mais pourtant, cela fonctionne ! Les « faux-culs » réussissent souvent, et ce sont toujours les mêmes que nous voyons au fil des années. Sachons ne pas nous laisser emporter par ce phénomène pervers : si la trahison de ses idées ou de ses valeurs permet de réussir à un moment donné, la loyauté est bien plus efficiente dans la durée.

La loyauté est une adhésion active aux principes que l'on soutient.

La loyauté est une adhésion active aux principes que l'on soutient ; elle n'est en rien une simple soumission, passive et inerte. Un engagement actif implique que l'on soit capable de défendre les principes soutenus face à ceux qui les défient.

UN ENGAGEMENT DURABLE DANS LA CONFIANCE

Être fidèle sur la durée n'est pas une chose facile : les temps changent, les circonstances évoluent, et rester engagé sur le long terme quand tout bouge autour de soi nécessite un courage personnel et une adhésion affirmée à la mission[7]. C'est cette constance qui participe à la création du cercle de confiance : « Si je m'entoure de personnes loyales, je n'aurai pas besoin de vérifier à chaque changement de direction s'ils sont bien derrière moi. » Tout comme la confiance, la loyauté ne se décrète pas, elle se gagne avec le temps. Prenons

7. Cf. chapitre 5 « La confiance dans la mission ».

l'exemple d'un dirigeant[8] qui changerait d'avis chaque fois que le vent tourne : il pourrait emporter l'adhésion de ses équipes sur le court terme, mais devant ses revirements permanents, il est fort probable que tout le monde se mettrait en recul : pourquoi s'engager avec force derrière une décision dont on sait qu'elle sera modifiée sans préavis au moindre changement d'humeur ?

Si je m'entoure de personnes loyales, je n'aurai pas besoin de vérifier à chaque changement de direction s'ils sont bien derrière moi.

La loyauté est régulièrement mise à l'épreuve : les changements de contexte, les épreuves du temps conduisent chacune des parties prenantes d'une organisation ou d'une entreprise à revoir ses positions personnelles, ou à réévaluer ses objectifs individuels. Cette « tectonique des enjeux » permanente peut finir par produire des conflits d'intérêts ou des désaccords profonds. Rester engagé même quand on vit un désaccord avec certaines des idées que l'on défend est le stade ultime de la loyauté. Gérer ses désaccords internes pour maintenir sa fidélité aux engagements pris : une capacité qui repose notamment sur le fait de pouvoir exprimer ouvertement son désaccord, sans risque de se voir sanctionné pour l'avoir fait.

RECHERCHEZ L'EXCELLENCE

Le terme « excellence » désigne une pratique dont la mise en œuvre correspond parfaitement à la représentation idéale que l'on s'en fait. C'est le summum de ce qui

8. Cf. chapitre 4 « La confiance hiérarchique ».

peut être fait, le graal de celui qui la recherche, la perfection réalisée. Dans le fonctionnement des organisations, l'excellence est une cible que tout le monde évoque, que beaucoup cherchent à atteindre, mais que bien peu parviennent à toucher.

Si vous demandiez à n'importe quel manager ou dirigeant quelle serait l'excellence de son art ou de son métier, il décrirait certainement un système parfait, dans lequel chacun travaillerait au bénéfice du collectif, en communiquant efficacement, en échangeant les bonnes pratiques, en observant avec engagement et bienveillance le travail des autres... Bref, un système qui pourrait paraître illusoire. En environnement complexe, l'excellence n'est plus négociable : elle est indispensable à la survie même des organisations. Seuls ceux qui sont excellents pourront résister aux changements. Nous avons l'opportunité, depuis de nombreuses années, de participer à des opérations dans lesquelles la mort est une hypothèse de travail : sa propre mort, la mort des autres, une épée de Damoclès au-dessus de nos têtes chaque fois que la mission commence. Il est étonnant de voir que, dans un tel environnement, la notion d'excellence prend tout son sens, non pas pour se vanter autour de ce terme ronflant, mais tout simplement parce qu'avec de tels enjeux, il n'est pas envisageable de faire autrement.

UNE PERFORMANCE EFFICIENTE

La performance peut s'analyser selon deux axes : l'efficacité ou l'efficience. L'efficacité représente le degré de réalisation des objectifs fixés. « Si j'atteins mes objectifs, je suis performant. » L'efficience caractérise l'atteinte des objectifs fixés en utilisant le moins de ressources possible : c'est l'efficacité au moindre coût.

L'excellence se doit d'être une performance efficiente. À l'heure des contraintes budgétaires, des équipes resserrées, la rareté des ressources impose de savoir être meilleur avec moins. Il ne s'agit pas de faire la même chose qu'avant avec moins de moyens, mais de le faire mieux en le faisant autrement. Ce n'est pas quand tout va bien que l'inventivité et l'imagination sont les plus stimulées, c'est quand le contexte est difficile que l'on trouve les ressources pour sortir du cadre et créer de nouvelles méthodes. En recherchant l'excellence sous la contrainte d'un environnement complexe, on devient plus créatif et on invente de nouvelles façons d'être plus performant. D'ailleurs, le talent ne se révèle que dans l'adversité.

UNE PERFORMANCE DURABLE

Être performant une fois, cela peut arriver à tout le monde : par chance, par hasard, parce que les circonstances étaient réunies. Être performant à chaque fois, c'est déjà beaucoup plus difficile : il faut maintenir le niveau de résultat sur le long terme. Être performant chaque fois avec des conditions de plus en plus difficiles, c'est la marque des meilleurs. La durabilité de la performance caractérise l'excellence des organisations, capables de faire face à des situations nouvelles tout en maintenant leur niveau d'exigence au plus haut.

Dans l'adversité, il y a ceux qui cherchent d'abord les excuses pour expliquer qu'ils n'ont pas réussi à atteindre leurs objectifs, et il y a ceux qui cherchent d'abord les moyens pour atteindre les objectifs qui leur sont fixés. C'est un état d'esprit, une vision des choses, une façon de retourner les contraintes pour en faire des opportunités.

UNE PERFORMANCE AGILE

Dans un monde qui change, l'agilité est une nécessité. C'est une notion difficile à définir, souvent confondue avec l'adaptation : tout le monde peut finir par s'adapter, de son propre chef ou forcé par les événements. L'agilité, c'est la capacité à s'adapter avant les autres, à changer ses modes de fonctionnement sans pour autant renier les valeurs fondamentales du groupe.

Nous avons pu observer que les équipes agiles étaient à la fois solides et rapides. Solides sur leurs bases, sur leurs valeurs, sur leur ADN, capables de maintenir leurs fondamentaux contre vents et marées. Rapides dans leurs capacités d'analyse et d'action, capables de prendre les risques que les autres ne prennent pas, pour avoir ce temps d'avance qui fait qu'elles sont souvent admirées pour leurs performances.

Complexité, Incertitude, Risques, Confiance, Loyauté, Excellence, autant de notions très souvent évoquées, parfois galvaudées, mais dont la mise en œuvre relève d'une prise de conscience et d'une discipline que l'on ne retrouve que dans les équipes à haute valeur ajoutée. Pour y parvenir, ces organisations, leurs membres et leurs dirigeants placent la confiance dans son acception la plus large, au-dessus de tout. La confiance en soi, qui donne la force de s'engager. La confiance dans l'équipe et dans la hiérarchie, qui permet la cohésion tactique et l'alignement stratégique. La confiance dans la mission, qui fixe le cap et l'objectif à atteindre. La confiance dans l'histoire enfin, qui enracine l'excellence dans le terreau des expériences vécues. Autant de leviers sur lesquels jouer pour parvenir à atteindre une sorte de perfection.

CHAPITRE 2

LA CONFIANCE EN SOI

Autriche – 2016. Dans le cadre d'une convention internationale à Vienne, un orateur est invité à prendre la parole sur un sujet technique relatif à la gestion des conflits juridiques dans le monde de la finance. L'intervenant appartient à une institution bancaire qui jouit d'une excellente réputation auprès des participants, le sujet a été préparé par une équipe d'experts, et les supports visuels sont chargés dans le système vidéo de la salle de congrès. La présentation est prévue pour durer vingt minutes. Elle va, dans les faits, durer près du double. L'orateur va bafouiller, se tromper dans les chiffres, répéter plusieurs fois la même chose, oublier le texte de son intervention qu'il a appris par cœur. Bref, les quarante minutes les plus longues de la vie de l'intervenant... et des participants !

Après sa fastidieuse présentation, l'orateur rejoint son siège dans la salle, et dit à son voisin : « Je savais bien que je n'y arriverais pas. »

Ce malheureux orateur a fait preuve d'une absence totale de confiance en lui. Il n'a pris aucun plaisir à faire ce qu'il a fait, il a subi la situation sans jamais en reprendre le contrôle et il n'a pas atteint au final l'objectif qu'il s'était fixé.

Plusieurs facteurs démontrent ce manque de confiance. Tout d'abord, il n'a pas réalisé lui-même les *slides* de la présentation. On les lui a imposés, il n'en a donc pas eu l'initiative. Ensuite, il a appris son texte par cœur, ce qui reste la meilleure façon d'être spectateur et non acteur de l'événement, et ce qui explique son manque de réactivité lors de ces trous de mémoire. Enfin, il est parti en étant persuadé qu'il n'allait pas réussir, créant un sentiment d'insécurité intérieure peu propice à la confiance. Comment, dans ces circonstances, être maître de la situation ?
La confiance en soi est notre premier outil de performance, elle se bâtit méthodiquement pour nous donner la conviction nécessaire à la réussite.

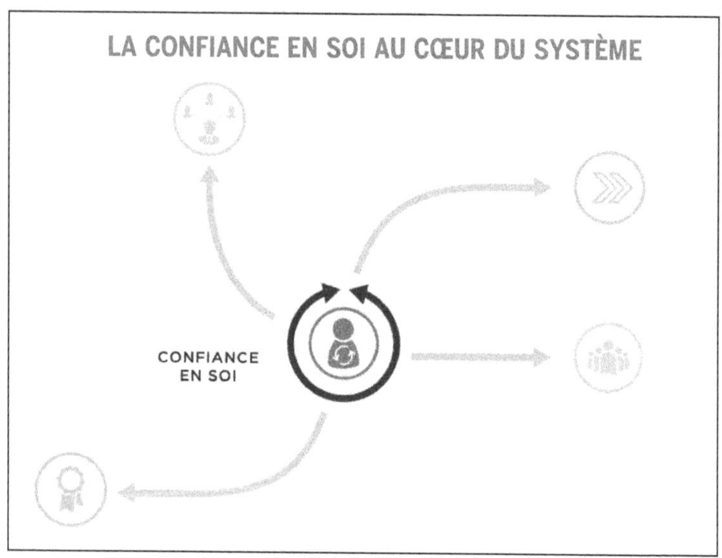

TRAVAILLEZ VOTRE SÉCURITÉ INTÉRIEURE

La notion de sécurité est souvent exprimée comme un état dans lequel les risques et les dangers environnants sont maîtrisés et sous contrôle ; une définition en négatif, s'appuyant sur l'élimination du risque. Cet usage est courant : en matière d'armement, on appelle une « sécurité » le dispositif conçu pour empêcher le déclenchement intempestif du mécanisme d'une arme à feu. Être en sécurité, c'est donc avoir maîtrisé les risques. Cela paraît un peu court, car nous avons observé dans le chapitre précédent que notre monde est complexe, que l'incertitude est omniprésente, et donc hors de notre contrôle total. Alors, le sentiment de sécurité serait-il impossible à atteindre ?

LE SENTIMENT DE SÉCURITÉ INTÉRIEURE

Nous définissons le sentiment de sécurité intérieure comme une capacité d'action, d'initiative, une aptitude à rester acteur des situations quelles que soient les circonstances. Se sentir en sécurité, c'est être capable de faire et de faire face.

Se sentir en sécurité, c'est être capable de faire et de faire face.

Dans cadre de la pratique d'un sport à risque, la chute libre par exemple, le pratiquant expérimenté se sentira plus en sécurité que le débutant, car son expérience et sa compétence lui donnent un savoir-faire spécifique à la chute et une capacité à faire face en cas d'incident. Si, de surcroît, il a des expériences d'incidents résolus efficacement, il accroît son sentiment de sécurité. De même, un chef de projet expérimenté se sentira plus en sécurité qu'un novice face à une équipe interculturelle sur une mission complexe s'il sait comment il peut engager son équipe dans la mission et faire face aux conflits qui pourraient émerger. Être en sécurité relève donc d'une action proactive, volontaire, qui consiste à se donner les moyens d'action et de réaction.

Quid du sentiment de sécurité intérieure quand on doit déléguer la capacité à agir et à réagir ? Nous sommes parfois mis en situation de confier notre sort à quelqu'un. Pourquoi prenons-nous l'avion alors que nous ne savons pas piloter nous-mêmes, et pourquoi sommes-nous capables de nous endormir pendant le vol, en toute sérénité ? Les stages organisés pour rassurer les personnes qui ont peur en avion insistent essentiellement sur la confiance à accorder à un équipage formé et préparé. Pourquoi suivons-nous un leader sur une mission dans laquelle nous ne serons que des followers réactifs[1], nous contentant d'appliquer les instructions qui nous seront données ? Parce que nous lui faisons confiance, parce qu'il possède *a priori* les compétences et l'expérience pour savoir agir et réagir. Quand la confiance existe, on peut se sentir en sécurité en déléguant la capacité de faire et de faire face.

SÉCURITÉ INTÉRIEURE ET CONFIANCE EN SOI

Savoir agir et savoir réagir pour développer la confiance en soi : c'est sur ce principe que repose le développement de l'autonomie d'un enfant. Dès qu'il peut marcher et s'aventurer vers de nouveaux espaces, l'enfant va découvrir qu'il peut faire des choses qu'il n'a encore jamais faites. Il va prendre confiance, se heurter à de nouvelles épreuves pour lesquelles il lui faudra trouver des solutions nouvelles : faire et faire face. Dans les entreprises, chacun doit se sentir capable de faire, se sentir pleinement acteur de son job et être à même de gérer les imprévus, même les plus stressants, pour réduire son sentiment d'impuissance. Cette affirmation est tellement évidente qu'il est toujours

1. Cf. chapitre 4 « La confiance hiérarchique ».

surprenant d'interroger des équipes sur cette aptitude. Lors d'un séminaire de team building pour une entreprise évoluant dans le monde du luxe, aux questions : « Vous sentez-vous capable de faire tout ce que votre travail exige au quotidien ? » et « Êtes-vous prêt à faire face à une situation inattendue et stressante ? », 28 % des participants ont répondu « non » à la première question, et 54 % ont répondu « non » à la seconde, bien loin de l'idée que se faisaient leurs managers de leur capacité à construire une sécurité intérieure. À l'heure où tout le monde parle d'« empowerment », ce résultat est édifiant. Si à ce doute personnel, vous rajoutez l'impression (ou la réalité) du manque de moyens, du stress environnant ou de la pression hiérarchique, le sentiment de sécurité intérieure peut s'effondrer bien plus vite qu'on ne l'imagine. Et vous, avez-vous les moyens de faire et de faire face dans l'exercice de votre job ?

Faire, savoir-faire, envie de faire, plaisir de faire.

Ce sentiment de sécurité intérieure n'est pas seulement destiné à nous rendre plus sereins, il permet en outre d'atteindre un stade supérieur de la confiance en soi : l'envie de faire et le plaisir de faire. Quand on se sent pleinement capable d'agir, l'envie de passer à l'action émerge, incite à prendre des initiatives et motive à l'exercice. Et quand l'envie de faire est installée, on arrive à prendre plaisir à faire ce que l'on fait. C'est le stade ultime du sentiment de sécurité intérieure. Lors d'une session de formation à la négociation, un participant nous a demandé comment on pouvait ressentir du plaisir à négocier avec un preneur d'otages : pour lui, le stress, la pression des enjeux, la difficulté relationnelle annihilaient toute possibilité de ressentir ce sentiment agréable. Mais quand vous vous sentez à même, par votre formation, votre entraînement, vos expériences, d'induire le changement chez un individu qui menace la vie d'autres personnes, vous sentez poindre ce sentiment de plaisir du travail en voie de s'accomplir. Quoi de plus gratifiant que de ramener chez lui un otage dont vous venez d'obtenir la libération ? Steve Jobs disait que la meilleure façon de faire du bon travail, c'est d'aimer ce que l'on fait.

DÉVELOPPEZ VOTRE QUOTIENT D'INSÉCURITÉ

Pour participer au développement du sentiment de sécurité intérieure et à la construction de la confiance en soi, il faut muscler son QI® : son quotient d'insécurité. Vous êtes-vous déjà demandé quel était votre QI® ?

LE QUOTIENT D'INSÉCURITÉ

Nous ne sommes pas tous égaux quand il s'agir d'évaluer nos capacités à manager dans un environnement d'insécurité. Certaines personnes sont plus à l'aise que d'autres dans les situations inextricables, alors qu'elles s'ennuient quand elles doivent gérer des cas qui ne nécessitent que la mise en œuvre de procédures établies à l'avance. D'autres, au contraire, excellent dans les situations bien huilées et qui ronronnent, mais se tétanisent face au moindre grain de sable qui viendrait gripper la machine.

Nous pourrions définir le quotient d'insécurité comme la multiplication de notre niveau de sécurité intérieure par notre capacité à accepter l'incertitude. Il n'existe pas de formule mathématique pour fixer un chiffre précis, mais juste un questionnement personnel à réaliser pour savoir où nous en sommes et comment augmenter notre QI®. Il est comme un muscle : quand on l'utilise, il se développe. Quand on le néglige, il s'atrophie.

LES DÉVELOPPEURS DE QI®

Quand on essaye de comprendre pourquoi certains ont « naturellement » un QI® plus élevé, on s'aperçoit qu'ils ont généralement connu un cursus plus propice à l'insécurité que les autres. Voici quelques facteurs qui influencent notre QI® :

- notre culture : certaines cultures valorisent la prise de risque et racontent des histoires de héros capables à eux seuls de faire face à tous les dangers. Au contraire, d'autres cultures dénigrent la prise de risque et préfèrent mettre en avant la réserve et la prudence comme vertus premières. L'analyse des contes pour enfants en est un bon exemple : certains contes appellent à la prise de risque, alors que d'autres la pointent du doigt comme source de tous les dangers. Pourquoi les garçons sont souvent des chevaliers courageux et les filles des princesses qui appellent au secours ?
- notre éducation : tous les parents ont vocation à protéger leurs enfants. Mais parfois, certains le font à l'excès, en ne leur laissant prendre qu'un nombre d'initiatives très limité, et toujours lorsque tous les risques ont été maîtrisés. Au contraire, d'autres parents les poussent à l'autonomie très tôt pour les rendre plus rapidement aptes à faire face aux situations du quotidien : « Tu peux aller à l'école tout seul, je te fais confiance. » Cette expérience génère du stress, car l'enfant va s'engager à faire quelque chose, et mettre la confiance que ses parents ont placée en lui à l'épreuve. Mais elle va aussi

lui montrer qu'il est capable de faire une fois, et donc de recommencer tous les jours ;

- notre formation : l'immersion dans des matières « floues » favorise l'intégration de l'incertitude et son utilisation comme un facteur d'opportunité, au contraire des compétences « dures[2] ». Quand on travaille sur des sujets soumis à l'interprétation permanente et au débat d'idées, on intègre plus facilement l'incertitude de l'issue de la discussion que lorsqu'on aborde des sujets tranchés qui ne laissent aucune place à la remise en cause ;

- nos expériences : ceux qui ont dû faire face à des expériences entraînant une prise de risque ont naturellement un quotient d'insécurité plus élevé que la moyenne. Qu'ils aient réussi ou non, ils ont forcément appris à évoluer dans un contexte plus dangereux que les autres ;

- nos débriefings : tirer des enseignements des expériences renforce considérablement notre QI®, à condition que ce débriefing soit fait de manière systématique et organisé avec une méthodologie particulière[3].

Tous ces facteurs vont contribuer à façonner notre idiosyncrasie, c'est-à-dire notre sensibilité propre et singulière à agir en fonction de l'environnement. Nous réagissons tous différemment dans l'incertitude. Cependant, nous pouvons œuvrer sereinement et efficacement pour développer notre QI® afin d'appréhender l'insécurité sans la subir.

---

2. Cf. infra.
3. Cf. chapitre 6 « La confiance dans l'histoire ».

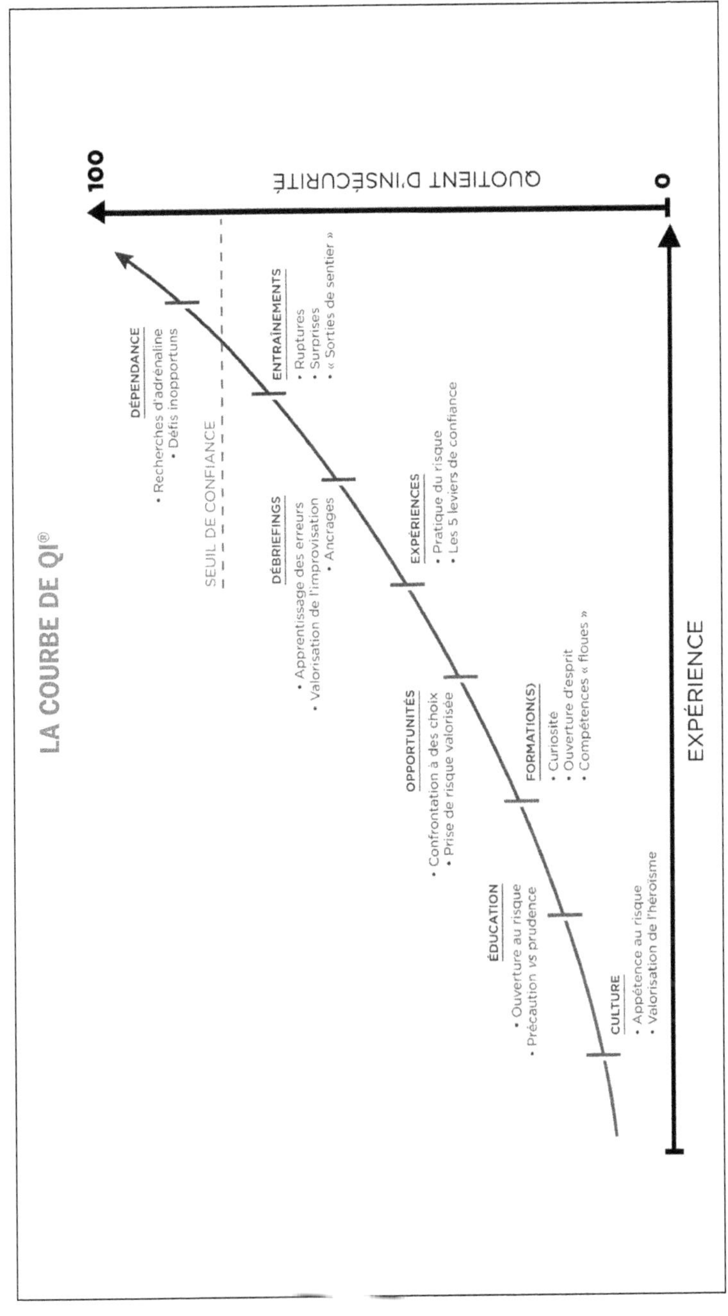
LA COURBE DE QI®
100
QUOTIENT D'INSÉCURITÉ
0
EXPÉRIENCE
SEUIL DE CONFIANCE
CULTURE
• Appétence au risque
• Valorisation de l'héroïsme
ÉDUCATION
• Ouverture au risque
• Précaution vs prudence
FORMATION(S)
• Curiosité
• Ouverture d'esprit
• Compétences « floues »
OPPORTUNITÉS
• Confrontation à des choix
• Prise de risque valorisée
EXPÉRIENCES
• Pratique du risque
• Les 5 leviers de confiance
DÉBRIEFINGS
• Apprentissage des erreurs
• Valorisation de l'improvisation
• Ancrages
ENTRAÎNEMENTS
• Ruptures
• Surprises
• « Sorties de sentier »
DÉPENDANCE
• Recherches d'adrénaline
• Défis inopportuns

CAPITALISEZ SUR LA FORMATION

Si faire est un des éléments fondateurs de la sécurité intérieure, savoir faire repose sur l'apprentissage. La formation a pris une place prépondérante dans les entreprises, tant l'acquisition et le maintien des compétences sont devenus un enjeu de performance. Mais est-ce suffisant ? Quel type de formation pour développer la confiance en soi ? Et peut-on rester efficient si on apprend sans s'entraîner régulièrement ?

L'APPRENTISSAGE : OUVERTURE D'ESPRIT ET COMPÉTENCES « FLOUES »

L'acquisition de compétences donne les outils pour être capable d'agir. Si nous reprenons l'exemple de l'intervenant de Vienne[4], il y a fort à parier qu'il n'a jamais été formé à la prise de parole en public. On lui aurait appris les bases de la création d'une intervention, de la respiration pour gérer son stress, de l'apprentissage d'une trame de conférence et on lui aurait dit de ne surtout pas apprendre son texte dans son intégralité : quand on sait faire, c'est facile. Cela ne s'invente pas, il faut aller chercher la compétence auprès de ceux qui savent et/ou qui pratiquent. Mais dans un environnement complexe, certaines formations forgent aussi notre esprit d'une façon particulière. Comme le professeur Keating[5] faisait douter ses élèves dans *Le Cercle des poètes disparus*, certaines compétences dites « floues » nous apprennent à ne pas tout considérer comme certain.

4. Cf. supra.
5. Cf. chapitre 1 « Le cercle de confiance ».

Prenons l'exemple du droit : on sait, quand on est juriste, que l'application du droit est tenue à l'interprétation que vont en faire ceux qui le font appliquer. On peut essayer de remonter jusqu'à la volonté téléologique du rédacteur du texte, son idée originelle, il n'en reste pas moins que c'est l'interprétation du juge qui l'emportera. C'est pour cela que la jurisprudence en droit est aussi importante que les textes eux-mêmes. Dans les compétences dites « dures », il n'y a pas de place pour l'interprétation : il n'y a pas de jurisprudence en mathématiques, une équation différentielle donne un résultat unique, qui n'est pas soumis à la volonté particulière de celui qui la résout.

Quand on bénéficie de formations à des compétences « floues », on acquiert une ouverture d'esprit plus propice au doute que lorsque l'on se cantonne à des compétences « dures ». Il est donc intéressant de s'intéresser à plusieurs matières, plusieurs disciplines complémentaires pour cultiver le bon équilibre entre la certitude et le doute : le physicien Étienne Klein n'est-il pas à la fois scientifique et philosophe ?

FORMATION *VS* ENTRAÎNEMENT

La formation donne les outils, l'entraînement donne la manière d'utiliser ces outils en situation. Quelqu'un qui se forme, mais qui ne s'entraîne jamais n'est pas près de progresser.

Il existe dans beaucoup de métiers trois catégories de personnes :

- les sachants : ils ont la connaissance théorique, complète, mais ne la pratiquent jamais. Il y a des professeurs qui enseignent des métiers qu'ils n'ont jamais pratiqués eux-mêmes. Pourtant, leur savoir est indispensable, car ils maîtrisent le corpus théorique ;

- les praticiens : ils pratiquent leur métier de manière empirique. Ils n'ont pas la connaissance théorique, ou du moins pas l'intégralité de la connaissance nécessaire, ce qui finit par limiter leur efficacité dans le temps ;
- les experts : ils appuient leur pratique sur la théorie et mettent à l'épreuve de la réalité les compétences enseignées pour valider leur pertinence. Ils sont ceux qui ont la confiance en eux la plus importante, leur pratique étant réellement opérationnelle et structurée.

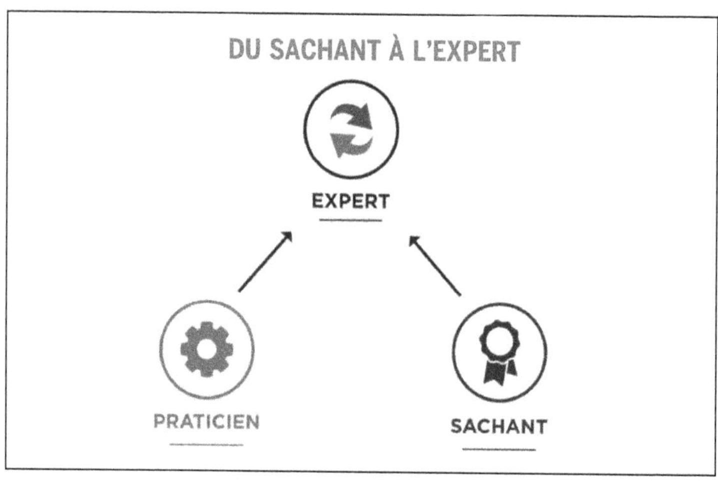

La pratique valide la théorie, et c'est exactement le but de l'entraînement. Imaginons que vous décidiez de prendre un cours de boxe. Avec un bon professeur, il vous faudrait une journée pour connaître l'ensemble des coups que vous pouvez porter à la boxe : la position des épaules, du poing, les diverses rotations du bras, du bassin, tout un ensemble d'explications théoriques somme toute assez facile à comprendre… Mais cela ne ferait pas de vous un boxeur : seul l'entraînement, sur le long terme, pourra vous permettre de monter sur le ring et d'affronter un adversaire. L'acquisition de compétences et l'entraînement/la pratique opérationnelle participent à la création d'une confiance en soi durable.

Nous sommes négociateurs professionnels. Notre métier est d'intervenir pour le compte d'organisations, de personnes ou d'entreprises dans des situations qui nécessitent de trouver une solution négociée : faire accepter un traitement à un patient réfractaire, neutraliser un profil difficile, mettre fin à une grève, raisonner un suicidaire, faire approuver un accord dans le cadre d'une fusion-acquisition...

Ces situations nous amènent à rencontrer beaucoup de négociateurs. Si certains peuvent exceller dans leur métier, c'est parce qu'ils ont énormément capitalisé sur leur expérience et l'apprentissage de leur expérience. Ils ont développé des mouvements de corps leur permettant de faire face efficacement à des situations qu'ils connaissent, c'est-à-dire qu'ils ont rencontrées à plusieurs reprises. Cependant, l'écueil souvent constaté est la sortie de route. Une nouvelle situation qui remet en cause certains paradigmes et surtout certains réflexes. À ce moment-là, la machine s'emballe ou les rouages commencent à se figer. L'insécurité gagne ces praticiens, et les réponses ne sont plus adaptées à la réalité de la situation. Ils ne peuvent plus puiser dans le répertoire d'expériences vécues...

Si le terrain est notre raison de vivre, nous apprécions également enseigner et nous avons la chance d'animer des cours dans des universités ou des écoles de commerce prestigieuses, ce qui nous conduit naturellement à rencontrer des professeurs de négociation. Leur savoir académique force le respect et ils sont généralement incollables sur les grandes négociations historiques, que ce soit Churchill ou Talleyrand. Le souci, c'est que la majorité d'entre eux n'ont jamais négocié de leur vie, ce qui signifie qu'ils apportent des réponses aux étudiants issus d'une expérience qui n'est pas la leur. Ils empruntent la crédibilité de grands hommes ou de cas traités dans la presse pour proposer des clés de lecture sur des situations complexes. Comme le monde évolue très vite et que chaque situation appelle une réponse différente, le risque est de vouloir caler une bonne réponse, toute faite, sur une mauvaise situation, car la situation n'est pas la même ou a évolué. S'ils sont « lâchés » sur le terrain, et que la réponse ne peut émaner de leur savoir, leur confiance, maintenue au chaud dans les amphithéâtres, risque de s'effondrer brutalement, et ils sont confrontés à l'incapacité d'agir en conséquence.

Au croisement du chemin du praticien et du sachant se trouve l'expert. Non seulement il nourrit ses compétences en négociant de façon quotidienne ou hebdomadaire, mais également il s'imprègne volontairement du savoir académique et issu de la recherche pour, sans arrêt, affiner ses stratégies, tactiques et techniques. En cultivant le doute et la curiosité, il met à l'épreuve du terrain le savoir fraîchement acquis pour, à la fois, le tester et se l'approprier s'il l'estime pertinent. De plus, il sort volontairement des sentiers battus en s'exposant à des situations nouvelles, nécessitant une remise en cause permanente. Sa confiance se renforcera au gré des épreuves, que ce soient des succès ou des échecs, la rendant plus difficilement ébranlable dans un contexte d'insécurité.

SOYEZ ACTEUR DES SITUATIONS

Le principe de Pareto, phénomène empirique observé à partir du XIXe siècle, d'abord dans le monde de la finance puis ensuite dans de multiples autres activités, constate que 20 % des « effecteurs » produisent 80 % des effets. Soit 80 % des effecteurs qui n'ont qu'une conséquence faible sur le résultat final. Dans le monde de l'entreprise, et en particulier en matière de management, le même phénomène se produit, les effecteurs réels étant bien moins nombreux que les effecteurs totaux.

La situation est encore plus flagrante en situation d'incertitude : nous avons pu observer que seules 5 % des personnes impliquées ont une action réellement efficace, qui produit des effets capables de générer un changement notoire dans l'évolution de la situation[6]. Soit 95 % des personnes qui sont des « inacteurs » subissant l'incertitude au lieu de l'utiliser.

LA PRÉFÉRENCE DE LA SOUMISSION

Cette préférence naturelle à la soumission n'est pas surprenante : face à une épreuve, les choix sont restreints. Le biologiste Henri Laborit en a fait le titre de son ouvrage *Éloge de la fuite*[7]. Confronté à une difficulté majeure, l'homme ne dispose que de trois choix : combattre, ne rien faire ou fuir. L'attaque terroriste dans le Thalys 9364 le 21 août 2015 a montré que sur la multitude de passagers présents dans les rames, seuls quatre ont réagi en combattant l'agresseur. Les autres ont soit fui, soit se sont retrouvés sidérés par le danger. Ces réactions sont tout à fait normales dans une telle situation de danger. Mais il est intéressant de voir que parmi ceux qui ont réagi, trois étaient des militaires professionnels qui rentraient d'une zone de combat et se sont sentis suffisamment en confiance pour agir rapidement et sauver les autres passagers.

6. Cf. chapitre 4 « La confiance hiérarchique ».
7. Henri Laborit, *Éloge de la fuite*, Folio, 1976.

Notre préférence à la soumission peut s'expliquer par plusieurs constatations :

- en zone de danger, l'obéissance des équipes augmente et la capacité d'initiative diminue : on se retourne vers le leader pour attendre ses choix, puis on applique à la lettre pour ne prendre aucun risque. L'obéissance est une forme de soumission, une délégation de l'angoisse du choix ;
- face à des personnes que l'on considère plus performantes que soi, le réflexe est de se soumettre à leur vision et de ne pas prendre d'initiative. En se croyant moins compétent, on se dévalorise, ce qui annihile la confiance en soi et par là même la capacité d'action ;
- l'intérêt à agir peut être considéré comme inférieur aux risques encourus. Avec un quotient d'insécurité faible, nous avons tendance à surévaluer le danger, consciemment ou non, pour justifier l'inaction.

Face à cette préférence naturelle, pour ne pas subir, il faut décider de passer à l'action.

ACCEPTER D'ÊTRE ACTEUR POUR NE PAS SUBIR

Autrefois basée exclusivement sur la subordination à l'autorité, la relation collaborateur-entreprise a tendance à se réorienter vers une logique de contribution réciproque, dans laquelle chacun cherche à apporter sa vision des choses et sa capacité à les mettre en œuvre. De nombreuses contributions d'auteurs ou de chercheurs théorisent sur ce nouveau « contrat social », ce rééquilibrage des forces où chacun serait un acteur avisé et engagé dans la réalisation de la performance collective. C'est oublier un peu vite que beaucoup de personnes ne souhaitent pas être actrices, et se contentent de suivre le mouvement sans prendre aucune initiative. Agir, c'est prendre un risque : celui de se tromper, celui de déplaire, celui de s'engager dans un processus dont l'issue ne sera pas toujours connue à l'avance. Certains ne sont pas prêts à cet engagement et à la prise de risque qu'il implique. Combien d'e-mails échangés dans les organisations n'ont pour seul objectif que de valider et revalider les détails d'actions du quotidien, qui pourraient être transformés en initiatives, mais dont les porteurs finaux préfèrent vérifier à l'excès qu'ils seront suivis par leurs pairs ou par leurs chefs ? Que de temps perdu à partager la responsabilité de l'action, jusqu'à la diluer dans un déluge d'autorisations tacites ou explicites ?

La responsabilité de cette soumission au diktat de la validation permanente est partagée, d'une part, par les acteurs de terrain qui ne veulent pas prendre seuls l'initiative, d'autre part, par les organisations et leurs représentants qui n'accordent qu'une confiance modérée à leurs collaborateurs. Le colonel Michel Goya[8] évoque ce phénomène : lors de missions en opérations extérieures, la question se pose de laisser ou pas l'initiative de l'ouverture du feu aux militaires au contact des forces ennemies. Certains pensent que la hiérarchie doit donner l'ordre de l'engagement du feu, et ce jusqu'au plus bas de la hiérarchie, d'autres estiment qu'il faut laisser au combattant le choix de faire feu ou non. Les analyses de terrain sont sans appel : quand les militaires ont l'initiative de l'ouverture du feu, non seulement il n'y a pas plus de tirs déclenchés, mais les soldats se sentent plus en confiance grâce à cette capacité qui leur est donnée d'être des *followers* actifs, et pas simplement

8. Michel Goya, *Sous le feu – La mort comme hypothèse de travail*, Tallandier, 2014.

réactifs[9]. Ceux qui ont le sentiment d'avoir l'initiative ou qui attaquent les premiers la conviction qu'ils ont une plus grande liberté d'action. Pour développer sa confiance en soi par la capacité à être acteur des situations, il faut un mandat clair et la confiance de son chef.

AGISSEZ VITE

Dans un monde qui change de plus en plus vite, les stratégies doivent être revues selon des termes de plus en plus courts : les rythmes se contractent et le temps devient un facteur d'excellence prépondérant. Agir n'est donc pas suffisant, il faut aussi savoir agir vite, avant les autres, avant les événements.

LA VITESSE DE DÉCISION

Décider, c'est renoncer à des hypothèses, faires des choix dans des situations où n'existe aucune bonne solution. Il faut faire ces choix et les faire vite : la vitesse de décision est un facteur de survie, le temps joue un rôle fondamental dans notre aptitude à résister à l'environnement. Décider trop tard de se mettre à courir peut laisser le temps au prédateur de vous rattraper : l'accélération des processus d'analyse et de choix de nos ancêtres explique notre survie parmi des espèces plus fortes et plus rapides que nous.

Jim Storr[10], ancien officier de l'armée britannique et chercheur, a analysé des centaines de prises de décision en zone de combat. Il a montré que lorsqu'une équipe a 95 % de

9. Cf. chapitre 4 « La confiance hiérarchique ».

10. Jim Storr, *The Human face of War*, Birmingham War Studies, 2011.

chances de prendre une bonne première décision, mais qu'elle décide trop tard, elle a un taux d'efficacité que de 23 %, alors qu'une équipe qui n'a que 50 % de chances de prendre une bonne décision, mais qui décide deux fois plus vite que la première, aura 51 % de taux d'efficacité. La vitesse de décision prime donc sur la qualité de la décision. Intéressant, dans un monde où l'excès de validation et de contrôle tue la capacité d'initiative…

La vitesse de décision prime sur la qualité de la décision.

En analysant de notre côté la vitesse d'action des équipes de négociateurs professionnels, les statistiques sont édifiantes : une équipe deux fois plus rapide dans sa prise de décision et dans son passage à l'action aura un taux de réussite final trois fois supérieur aux autres équipes, plus lentes.

L'outil sur lequel se basent ceux qui décident vite en environnement d'incertitude s'appelle l'« intuition ». Basée sur les expériences et les émotions qu'elle suscite, l'intuition est la capacité inconsciente à interroger extrêmement rapidement notre base de données interne : quelqu'un qui bénéficie d'une bonne préparation et d'une forte expérience pourra s'appuyer principalement sur son intuition, alors qu'un novice voudra rationaliser tous les éléments de son choix, valider toutes les informations qu'il possède et décidera plus lentement. C'est un système qui s'auto-entretient : l'intuition repose sur la confiance en soi, et la confiance en soi s'appuie sur l'intuition. Un cercle vertueux à encourager…

Voici trois conseils pour développer son intuition :

- constituez-vous une expérience solide : l'intuition s'alimente de l'expérience vécue. Plus les expériences seront nombreuses et diverses, plus le capital intuitif se développera ;

- débriefez : par définition, si l'on n'apprend pas de ses erreurs, on est condamné à les reproduire. Ce qui signifie que l'expérience a peu de valeur sans apprentissage. En comprenant ses succès et ses erreurs, via la déconstruction des problématiques, on assainit le capital intuitif. Le risque étant de le maintenir pollué avec des réflexes que l'on estime bénéfiques alors qu'ils sont en réalité préjudiciables ;
- lâchez prise : il existe de nombreux facteurs que nous ne pouvons pas contrôler et il faut accepter cet état de fait. En se libérant de ces contraintes, on explore des sentiers nouveaux, qui permettent non seulement de solliciter son intuition, mais également de la nourrir pour la suite.

LA VITESSE D'ACTION

Quand la décision est prise, la capacité à réagir vite face à une situation donnée est également un facteur déterminant du succès. Combien de fois avez-vous entendu cette phrase assassine, ou l'une de ses cousines : « Ils ont décidé de prendre cette mesure, ce qui était une bonne idée, mais on attend encore sa mise en application. » L'exemple type de cette lenteur dans l'action est l'administration française : entre le moment où la décision est prise de légiférer sur un sujet, et le moment où le décret d'application du texte entre en vigueur, il s'écoule parfois tellement de temps que le problème que souhaitait solutionner le texte s'est réglé de lui-même. C'est une façon de traiter les problèmes, mais qui ne relève pas de l'excellence que nous recherchons tous.

L'inertie du passage de la décision à l'action dans les organisations s'explique par plusieurs facteurs :

- la survalorisation de la décision : on glose beaucoup sur les processus de prise de décision, bien peu sur les processus de passage à l'action. Une belle décision qui n'est jamais appliquée ne sert absolument à rien ;
- la survalidation des actions : la peur de mal faire ou d'être jugé en cas de prise d'initiative amène de nombreux collaborateurs à faire valider leurs actions tactiques par leur hiérarchie à chacune des étapes du processus d'action. Un excès de validation qui freine la vitesse de mise en œuvre ;
- le microcontrôle permanent : en voulant vérifier de manière incessante que tout se passe bien au niveau tactique, la hiérarchie impose des « arrêts au stand » qui brisent l'élan des équipes ;
- le reporting incessant : quand un manager ou un collaborateur passe plus de temps à faire du reporting ou de la paperasse qu'à trouver des idées, des moyens de mettre en œuvre les décisions stratégiques, l'action se noie dans le superflu.

Les deux mots d'ordre de la vitesse d'action sont délégation et discipline. La délégation tout d'abord : c'est faire confiance à un collaborateur pour mettre en action une décision stratégique, sans le solliciter de manière excessive dans le contrôle et le reporting. La discipline ensuite : le doute précède la décision, la détermination précède le passage à l'acte.

Le doute précède la décision, la détermination précède le passage à l'acte.

On peut remettre en question une décision avant qu'elle ne soit prise, mais on s'engage dans sa mise en œuvre quand elle est devenue définitive. Cela n'empêche pas d'alerter sur une décision manifestement aberrante, mais dans l'immense majorité des cas, la discipline d'action est un facteur d'excellence.

France – 1991. Quand il rentre d'une semaine d'échange avec les équipes du FBI, Michel M. n'a qu'une idée : créer une équipe de négociateurs au sein du RAID, l'unité d'élite de la police nationale. Michel M. y occupe le poste de responsable du groupe technique, mais il est persuadé que la négociation est une spécialité dont le RAID ne peut pas se passer. Il entreprend alors de se former, tout seul, pour progresser dans l'art de la négociation. Sur son temps de vacances, pendant ses week-ends, il va suivre des cours de psychologie, de criminologie, de communication. Autour de lui, rien n'est *a priori* favorable à son projet : depuis toujours, ce sont les chefs de service qui négocient, et non des officiers spécialisés. La priorité est généralement donnée à l'intervention, même si des discussions peuvent avoir lieu. Pour ne rien arranger, tout le monde pense que pour négocier il suffit de savoir parler, et que cela ne nécessite aucune compétence particulière. Pourtant, Michel M. est sûr de lui : il se forme, s'entraîne, devient une référence en la matière et a l'occasion de faire ses preuves lors de la prise d'otages de la maternelle de Neuilly en 1993. Contre un système qui ne croit pas dans son projet, son engagement et sa confiance en lui vont lui permettre de mettre sur pied un métier nouveau, qui permet aujourd'hui de résoudre près de 85 % des situations de crise.

L'EXCÈS DE CONFIANCE EN SOI

Si la confiance en soi est un des leviers de l'excellence, l'excès de confiance en soi est un danger parfois mortel. La limite entre « bien » et « trop » est ténue, l'excès de confiance étant le plus souvent inconscient pour celui qui l'éprouve.

DÉPASSER LE SEUIL DE CONFIANCE

Considérer que la confiance en soi est un gilet pare-balles contre l'échec ou l'erreur serait dangereux : l'illusion d'invulnérabilité n'a jamais sauvé personne. Chacun possède un « seuil de confiance », au-delà duquel le passage à l'action devient dangereux. Ce seuil évolue en fonction de notre sentiment de sécurité intérieure et de notre quotient d'insécurité : plus nous savons faire et faire face, plus nous pouvons aller loin dans la prise de risque... à condition de savoir s'arrêter à temps : savoir dire « je ne sais pas faire » fixe le seuil de confiance. Pour cela, il faut l'humilité nécessaire à une prise de conscience éclairée du risque encouru, et la peur fait partie des signaux qui participent à cette humilité. Certains essaient de nier leurs émotions, et notamment la peur. Or, sans signaux d'alerte, impossible de connaître ses limites. Il faut travailler sur la peur, l'accepter, l'utiliser, pour fixer un seuil de confiance efficient.

Notre ego ne nous aide pas toujours à fixer ce seuil : pour se mettre en avant ou se valoriser dans leur organisation, certains mettent leur ego en avant pour aller toujours plus loin. Or, l'ego est un excellent esclave, mais un très mauvais maître : quand il prend les commandes, il nous fait perdre notre objectivité et notre capacité de choix.

LES PERSONNALITÉS À RISQUE

Certains profils complexes[11] sont plus propices que les autres au dépassement du seuil de confiance. On en

11. Marwan Mery et Laurent Combalbert, *Comment neutraliser les profils complexes*, Eyrolles, 2015.

retrouve principalement deux dans les actions à risque excessif :

- les égocentriques : ils se positionnent au centre du monde et font en sorte d'être le centre de l'attention. Les autres ne les intéressent pas, il faut que l'on parle d'eux. La prise de risque est un des moyens de sortir du lot et de devenir le centre d'attention de tous. Mais cette volonté d'être exceptionnel peut pousser à un excès de confiance en soi dangereux et sans limite. Un égocentrique est généralement lucide et a parfaitement conscience de son comportement, et la présentation des conséquences de ces actes à risque suffit généralement à le ramener à son seuil de confiance efficace ;
- les narcissiques : ils se considèrent au-dessus des autres et vivent avec un sentiment constant d'être exceptionnels et meilleurs que tous. Leur ambition peut les amener à dépasser leur seuil de confiance. Contrairement à l'égocentrique, le narcissique n'a pas conscience de son comportement, et il est peu tolérant à la critique, ce qui peut poser un problème dans la prise en compte des alertes qu'on est en mesure de lui envoyer. Il faut alors valoriser sa prudence et mettre en avant sa capacité à décider de s'arrêter avant qu'il ne soit trop tard.

LA DÉPENDANCE À L'INSÉCURITÉ

Dans tous les sports à risque, il existe des pratiquants qui repoussent toujours plus loin les limites. Leur motivation peut être liée à la recherche de la performance, du résultat, au défi sportif, et c'est bien normal notamment quand le sport est pratiqué en compétition. Mais si la motivation n'est que personnelle, individuelle, et si le seul objectif est la recherche d'adrénaline, la dépendance au risque et à l'insécurité devient morbide : « Si je ne prends pas plus de risque que les autres, je ne serai plus un héros. »

Pour avoir travaillé à de multiples reprises avec des équipes de traders, la dépendance à l'insécurité de certains est un des facteurs de risque les plus marquants. L'engagement sur les marchés et sur des positions dangereuses ne relève plus de la simple recherche de performance financière, mais également de la valorisation héroïque de celui qui ose ce que les autres n'osent pas. Jusqu'à ce que cette audace égotique ne fasse chuter celui qui la met en œuvre, faisant parfois douter de la solidité même du système.

Survaloriser la prise de risque, individuelle ou collective, entraîne inévitablement une surenchère dans la course au danger.

L'excès de confiance est généralement inconscient pour celui qui l'éprouve. Pour le neutraliser autant que faire se peut, le travail d'équipe reste la clé : les équipes à haute valeur ajoutée fondent leurs actions sur le rassemblement de compétences et la bienveillance de chacun des membres. Construire une confiance d'équipe est l'étape suivante de la recherche de l'excellence.

CHAPITRE 3

LA CONFIANCE D'ÉQUIPE

Argentine – 2011. Un gang criminel est recherché pour avoir commis une multitude de vols avec violences dans plusieurs provinces. Toutes les forces de police locales et fédérales sont mobilisées : elles agissent dans la plus grande discrétion pour ne pas alerter les médias, très friands de ce genre de traque en Amérique du Sud. Les services d'investigation de chacune des provinces impliquées disposent d'informations sur le gang, sur leurs modes opératoires, leurs moyens de se déplacer rapidement d'un lieu à un autre, leur capacité à écouter les échanges radio de la police... À l'analyse de l'ensemble des données disponibles et des dispositifs de recherche impliqués dans la traque, tout est favorable à une interpellation rapide des criminels. Pourtant, ceux-ci vont réussir à disparaître et ne seront jamais inquiétés.

Quand on débriefe le déroulement des opérations de recherche et la façon d'agir des parties prenantes, un facteur d'échec de la mission saute aux yeux : l'absence totale de confiance d'équipe. Les polices tout d'abord : elles ne se connaissent pas, elles n'ont pas l'habitude de collaborer et ont tendance à se mettre « en compétition » les unes avec les autres. Dès lors, aucune n'échangera ses informations avec les autres, alors qu'elles sont toutes complémentaires et qu'elles auraient permis de comprendre intégralement le mode de fuite habituel des criminels. La police fédérale ensuite : elle éprouve un sentiment de supériorité peu propice à la collaboration. Ses officiers considèrent leurs homologues provinciaux comme des « cow-boys » de la campagne, alors que les officiers provinciaux considèrent les fédéraux comme des incompétents arrogants. Cette compétition interne, l'absence de reconnaissance mutuelle, l'inexistence de règles internes de fonctionnement ont conduit à un échec patent, et ce pour une raison évidente : l'absence de confiance d'équipe.

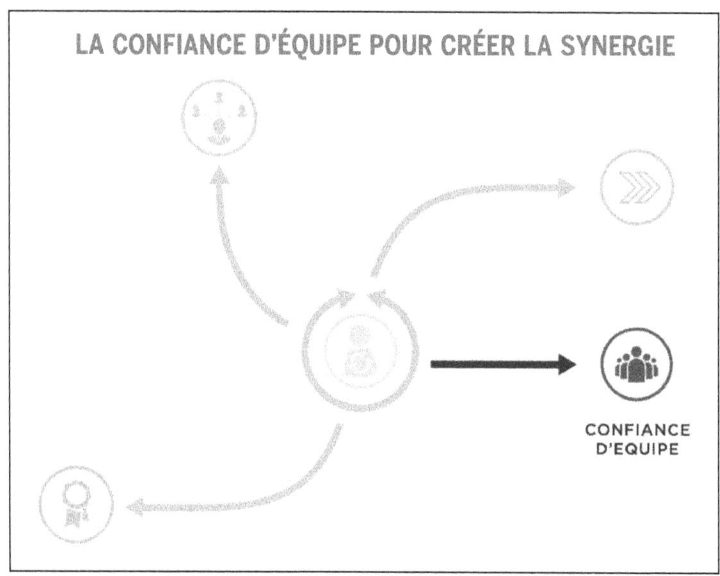

UN RASSEMBLEMENT DE COMPÉTENCES

La complexité croissante des environnements de travail impose un constat simple : le temps des « hommes-orchestres » est terminé. Le manager, le consultant, l'expert qui sait tout faire tout seul n'existe plus. Et s'il croit encore pouvoir exister en tant que tel, il signe son arrêt de mort à petit feu : on ne peut pas faire face à la complexité tout seul. La nécessité du collectif est évidente : de multiples compétences sont désormais nécessaires pour mener à bien un projet, même simple *a priori*, et l'hyperspécialisation imposée par l'accroissement de la technicité des métiers impose de savoir composer des assemblages d'experts. Mais quoi de plus difficile que de faire travailler ensemble des spécialistes qui ont le sentiment que leur expertise est la plus importante de toutes et pour qui la confiance *« a priori »* n'est pas un mode de fonctionnement ?

FAIRE TRAVAILLER DES « EXPERTS » ENSEMBLE

Une équipe est un assemblage de compétences engagé dans la réalisation d'un objectif commun. Le professeur Robert Lafon[1], éminent linguiste, indique que le mot « "équipe" viendrait du vieux français "esquif", qui désignait à l'origine une suite de chalands attachés les uns aux autres et tirés par des hommes ou des chevaux, en attendant l'époque des remorqueurs. Est-ce l'image des bateliers tirant sur la même corde ou celle des bateaux attachés ensemble, toujours est-il qu'on a parlé un jour d'équipe de travailleurs pour réaliser une œuvre

Réaliser une œuvre commune, une mission : la raison d'être d'une équipe.

1. Robert Lafon, « Les mécanismes des relations humaines dans le travail en équipe », XVIIIe congrès de l'ANAS, 1962.

commune ». Réaliser une œuvre commune, une mission[2] : la raison d'être d'une équipe.

Au regard de ce point de départ qu'est la mission en tant qu'élément fondateur d'une équipe, nous pouvons envisager deux types de groupes : les équipes choisies et les équipes imposées.

Dans le cadre d'une équipe choisie, les membres du groupe sont recrutés pour la réalisation de l'objectif. C'est, par exemple, le cas d'une équipe commando qui, pour mener à bien sa mission, va choisir parmi les effectifs disponibles ceux dont les spécialités sont indispensables à la performance. Les équipiers ne se connaissent pas forcément, n'ont pas toujours eu l'occasion de travailler ensemble par le passé, mais leur légitimité repose sur leur compétence individuelle ainsi que la complémentarité de leurs compétences et de leurs expériences.

Dans le cadre d'une équipe imposée, le groupe est déjà constitué et se voit confier une mission nouvelle. C'est le cas, par exemple, d'un service marketing qui se voit attribuer la mission de construire une offre sur un nouveau mode. Les membres de l'équipe se connaissent, avec des relations qui peuvent être positives, neutres ou négatives, et certains peuvent ne pas avoir le niveau de compétence et/ou d'expérience nécessaire à la nouvelle mission confiée, ce qui peut porter atteinte à la reconnaissance de leur légitimité.

Dans le premier cas, la reconnaissance *a priori* de chaque équipier permet de gagner un temps précieux sur la création de la confiance d'équipe. Mais la reconnaissance n'est pas la connaissance, et ce travail de connaissance mutuelle sera nécessaire pour sceller la cohésion. Dans le second

---

2. Cf. chapitre 5 « La confiance dans la mission ».

cas, celui de l'équipe imposée, la connaissance existe, mais elle n'implique pas forcément la reconnaissance mutuelle, ce qui pourra entraver la confiance collective.

Pour permettre ce travail de connaissance et de reconnaissance, l'OBLIC® est un outil de création de la confiance d'équipe.

OBLIC® : OBJECTIFS, BESOINS, LIMITES, IMPACTS, CONTRAINTES

Faire évoluer ensemble des experts ne repose pas seulement sur l'acceptation de la nécessité de l'équipe ou sur l'adhésion à un objectif commun : cela implique de passer de la méconnaissance à la reconnaissance.

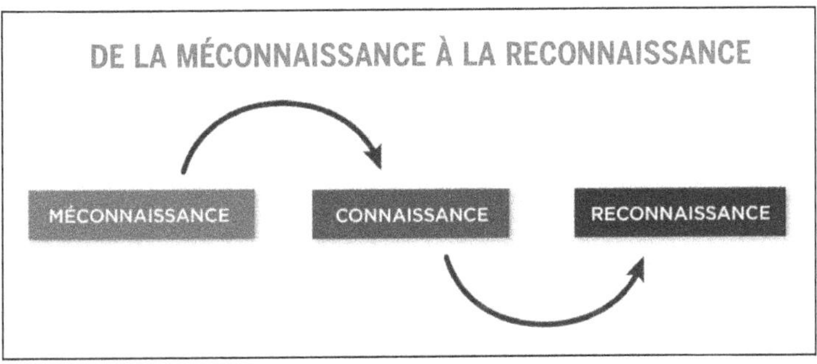

Dans une équipe, il est possible que les parties prenantes se méconnaissent, soit parce qu'elles n'ont jamais travaillé ensemble, soit parce qu'elles ne savent pas comment le faire efficacement. Cette méconnaissance impacte la capacité d'action concertée, qui constitue l'essence même du travail d'équipe. On peut passer de la méconnaissance à la connaissance quand chacun regarde vers les autres pour s'intéresser à ce qu'ils sont et ce qu'ils font : cela relève d'une volonté au moins partagée par une partie de l'équipe de se tourner vers les autres et de s'intéresser à eux. L'étape qui suit est la reconnaissance, par laquelle chacun reconnaît la compétence des autres et leur légitimité à faire partie de l'équipe, et ce quelle que soit la qualité de la relation qui existe entre eux.

Pour générer rapidement le cycle de la reconnaissance, les équipes de négociateurs professionnels partagent leurs OBLIC® : Objectif, Besoins, Limites, Impacts, Contraintes :

- Objectif : chaque membre de l'équipe explique aux autres son objectif, son but, ce qu'il sait faire/peut faire dans l'équipe et comment il entend le faire. Chacun est ainsi informé de la compétence, du savoir-faire de tous et du but recherché dans le groupe ;
- Besoins : les membres de l'équipe indiquent leurs besoins pour remplir leur objectif : cela peut être un besoin d'informations, de compétences, de temps... Tout le monde peut alors s'interroger sur la façon dont il peut aider les autres en satisfaisant ses besoins ;
- Limites : elles sont les bornes de l'action de chacun. Ce que l'on sait faire, ce que l'on ne sait pas faire, ce que l'on n'a pas prévu de faire. Savoir dire : « Je ne sais pas faire cette partie du job » est un facteur de performance, car il n'y a rien de plus stressant que de se voir confier une mission qu'on ne sait pas remplir intégralement et ne pas oser le dire ;
- Impacts : chacun envisage les impacts de la mission des autres sur sa propre mission. Cette phase permet d'identifier les risques d'overlapping et de lever les doutes, les interprétations et les préjugés.
- Contraintes : les membres de l'équipe listent leurs contraintes et ce qui pourrait leur poser des problèmes dans l'atteinte de leur objectif. Ces contraintes peuvent

pour certaines être levées par les autres équipiers, et d'autres peuvent se révéler être des opportunités quand elles sont envisagées avec un autre regard.

Par sa simplicité, l'application de l'OBLIC® permet de créer rapidement une reconnaissance mutuelle de chacune des parties prenantes de l'équipe.

LE RÈGLEMENT INTÉRIEUR

Tout groupe social ne peut espérer survivre dans la durée que s'il s'impose des règles de fonctionnement claires et qui s'appliquent à tous les membres. Il en est de même pour une équipe. Ce « règlement intérieur » ne doit être ni trop rigide, pour ne pas enfermer les parties prenantes dans un carcan inadapté à un environnement complexe, ni trop souple, pour ne pas que les règles soient à ce point soumises à des exceptions qu'elles perdraient tout leur sens. Le règlement intérieur de l'équipe est un contrat moral établi entre les équipiers pour gérer leurs relations, leurs modes de fonctionnements et les déviances potentielles des uns et des autres.

Créer la confiance nécessite du temps, et en fonction de la taille de l'organisation, il pourrait falloir énormément de temps et d'énergie pour connaître personnellement chaque collaborateur et s'assurer de son adhésion à la mise en œuvre de comportements adaptés. En créant les règles communes, qui s'imposent à tous, il n'est pas nécessaire de connaître chaque membre de l'organisation pour présumer *a priori* qu'il va en respecter le règlement intérieur. Le règlement intérieur accélère la création de la confiance d'équipe, à condition qu'il ne soit pas juste incantatoire et qu'il s'appuie sur les valeurs de l'organisation établies en règles opérationnelles.

LES VALEURS DE L'ÉQUIPE

Pour qu'il soit simple et pragmatique, le règlement intérieur de l'équipe doit s'appuyer sur des valeurs, dont le nombre est limité afin que son application reste réaliste.

Les valeurs constituent un ensemble hiérarchisé de principes et de comportements considérés comme nécessaires à une vie sociale efficace. L'économiste Laurent Thévenot et le sociologue Luc Boltanski[3] considèrent qu'il n'existe pas de valeurs universelles, mais au contraire des systèmes de valeurs disjoints qui constituent des ensembles cohérents de référentiels, de normes et de figures emblématiques. Les valeurs sont le plus souvent subjectives et peuvent varier selon les cultures et/ou les communautés, elles nécessitent donc d'être décrites et explicitées en comportements objectifs[4].

On considère qu'une organisation ne peut pas porter de manière réaliste plus de quatre valeurs dans son règlement intérieur : au-delà, leur mise en œuvre devient utopique et l'absence de réalité de ces principes impacte la crédibilité de l'ensemble. Une organisation qui valoriserait le courage comme valeur fondatrice, mais dont les dirigeants seraient dénués de cette qualité dans leur management ou leurs prises de décision serait vouée à perdre sa crédibilité rapidement.

Le partage de valeurs communes est également un facteur de cohésion : chaque membre de l'équipe s'identifie à son groupe au travers des valeurs qui la constituent. Appartenir à une organisation qui porte réellement les valeurs qu'elle avance est un élément de fierté, de valorisation et de prestige pour les équipiers.

---

3. Luc Boltanski et Laurent Thévenot, *De la justification*, Gallimard, 1991.
4. Cf. infra.

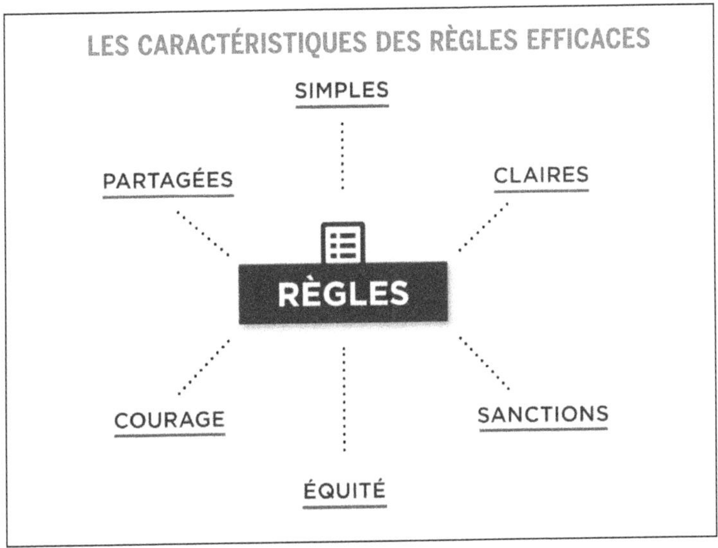

Au sein de nos propres équipes, les valeurs que nous partageons sont les suivantes :

- la confiance *via* les cinq piliers expliqués dans cet ouvrage ;
- l'humilité. Rien n'est acquis et nous apprenons tous les jours : nous essayons de devenir des champions de nos métiers, mais si nous pensons y être parvenus, il est temps de changer de métier ;
- la résilience. Comme le souligne l'adage populaire, dont Nietzche est à l'origine, ce qui ne nous tue pas nous rend plus forts. Les épreuves sont donc nécessaires, et les surmonter étoffe notre cuir ;
- l'initiative. Chacun peut influer, quel que soit son niveau, sur l'atteinte de l'objectif. Si le règlement intérieur structure le bon fonctionnement de l'équipe, il doit cependant permettre à chaque collaborateur d'être force de proposition sans être jugé par les autres.

CRÉER DES RÈGLES OPÉRATIONNELLES

Toutes les entreprises se targuent d'avoir des valeurs et les placardent sur leurs murs ou dans leurs rapports annuels. Mais combien les appliquent réellement au quotidien ? Pour être crédible, il faut stopper ces valeurs incantatoires, inscrites sur de belles affiches colorées : quand elles ne sont pas transformées en règles pragmatiques, les collaborateurs considèrent les valeurs comme au mieux inutiles, au pire cyniques.

La subjectivité même des valeurs nécessite leur clarification en règle opérationnelle, c'est-à-dire qui peut être observée dans le fonctionnement quotidien. On entend souvent parler de responsabilité. Mais qu'est-ce que cela signifie réellement dans les relations entre parties prenantes ? Que signifie « rendre quelqu'un responsable » de manière tangible, pour permettre de vérifier que cela est réellement effectif ?

La confiance n'exclut pas le contrôle, et le contrôle n'exclut pas la confiance.

Et vous, quelles sont les valeurs que vous portez dans votre propre organisation, et à quoi voyez-vous qu'elles sont opérationnelles ?

Pour qu'une règle existe, elle doit prévoir la sanction de son non-respect : la confiance n'exclut pas le contrôle, et le contrôle n'exclut pas la confiance. Sanction. Le mot est lâché ; ce mot qui fait frémir tant de managers, qui espèrent ne jamais devoir sanctionner un de leurs collaborateurs de peur de voir leur relation interpersonnelle remise en cause. Posez-vous la question : croyez-vous qu'un collaborateur vous respectera plus parce que vous le sanctionnez quand il le mérite, ou parce que vous ne le sanctionnez pas malgré ses fautes ?

La confiance d'équipe repose sur l'équité dans l'application des règles qui la régissent. Certains groupes ont atteint un tel degré de confiance interne que ce sont les collaborateurs eux-mêmes qui estiment devoir être sanctionnés dès lors qu'ils ont rompu le contrat moral qui les lie aux autres. L'équipe s'autorégule autour des valeurs fondatrices, et les déviances diminuent de manière significative, renforçant ainsi la confiance dans la cohésion.

Un jeune manager a été promu responsable du service clients d'une grande entreprise du CAC 40. L'équipe est composée de 12 personnes, plus connue sous le nom de « dragonnes ». Les précédents managers, dont la durée en poste n'a jamais excédé un an et demi, ont laissé un service à l'abandon, livré aux caprices des membres de l'équipe. Pendant les six premiers mois de prise de poste, le nouveau manager va remettre sur pied le règlement intérieur et sanctionner tout écart de comportement. Les tensions sont telles que certains membres de l'équipe vont menacer de faire grève et beaucoup vont pleurer à de nombreuses reprises. Le mode de management est pragmatique : souple sur la forme et dur sur les positions. Par souci d'équité, le règlement s'applique de la même manière pour tout le monde. En l'espace de six semaines, 23 sanctions vont être déposées à la RH. Au bout d'un an, le service est méconnaissable. La productivité a augmenté de 23 %, les personnes méritantes de l'équipe ont pu changer d'échelon et une confiance s'est établie au sein de l'équipe. Trois ans plus, lors du pot de départ du manager, chaque membre l'équipe lui offrira un cadeau, reconnaissant que « c'est le meilleur manager qu'ils ont jamais eu ». Ce manager a certes été dur, car le contexte l'exigeait. Mais il a toujours été juste, sanctions à l'appui. Et personne n'a jamais pu lui reprocher d'avoir été juste…

LES CONFLITS D'ÉQUIPE

Tout groupe social, quel qu'il soit, se trouve confronté à des situations conflictuelles plus ou moins graves : des conflits d'ego, de compétences, de « territoires », les sources de tensions ne manquent pas. Faire face aux conflits, c'est renforcer la confiance dans la capacité de l'équipe à gérer les dissensions inhérentes au fonctionnement d'un groupe humain. C'est bien sûr une des prérogatives du leader[5] que de savoir arbitrer et trancher quand c'est nécessaire, mais c'est aussi de la responsabilité des membres de l'équipe de créer les conditions favorables à la résolution rapide des conflits.

Un conflit est la constatation d'une opposition entre plusieurs personnes ou entre plusieurs entités : le conflit est donc un élément positif. Si dans une équipe tout le monde est toujours d'accord, il n'y a aucun débat ni aucune stimulation interne, ce qui ne pousse pas au challenge ni à la créativité. Le conflit est trop souvent considéré comme un problème, alors qu'il est une opportunité de croissance et de stimulation. Mais le conflit ne doit pas venir s'enkyster dans les rouages de l'organisation : quand une partie de l'équipe dévie de la route prévue, il faut pouvoir la remettre dans le droit chemin ou intégrer son point de vue pour modifier le chemin. Le conflit est donc nécessaire tant qu'il ne porte pas atteinte à l'objectif fixé.

DÉVIANCE D'UN MEMBRE DE L'ÉQUIPE

Dans un équilibre de confiance, parfois fragile, la déviance d'un seul des membres de l'équipe peut remettre en cause tout le fonctionnement collectif, et parfois même la rai-

5. Cf. chapitre 4 « La confiance hiérarchique ».

son d'être du groupe. Ce sont souvent des conflits d'ego, de personnalité ou d'agendas personnels qui génèrent les conflits les plus déstabilisants, personne ne voulant céder du terrain à ses détracteurs. S'il ne fait aucun doute que ces conflits touchent tous les groupes sociaux, force est de constater que certains groupes sont plus efficaces que d'autres pour en réduire les effets. Dans les équipes efficientes, chaque équipier a le droit d'avoir un objectif individuel et un agenda personnel, qu'il peut même exprimer aux autres. Mais en aucun cas ces ambitions personnelles ne doivent venir impacter la mission collective. Si un conflit d'intérêts vient à voir le jour, les équipiers eux-mêmes prennent l'initiative de l'évoquer pour le « purger » dès que possible. Un membre du groupe peut avoir des velléités de dévier de la route collective : soit il évoque son problème et une solution est trouvée, soit il quitte l'équipe si le risque est trop grand de nuire à la mission.

Une autre déviance personnelle s'exprime dans la recherche du « coup d'éclat » : pour briller ou satisfaire sa soif d'adrénaline, un équipier peut être amené à sortir du cadre collectif pour attirer sur lui les feux des projecteurs. En situation complexe, très peu d'acteurs produisent des effets sur l'action : certains peuvent vouloir en tirer une gloire personnelle. Dans ce type de déviance, seule une sanction forte peut dissuader ces comportements à risque.

Le directeur commercial d'une PME décide de reprendre en main la négociation gérée par ses équipes. Il monte au créneau fièrement et rencontre les interlocuteurs de ses N-1. Pour réaliser un coup mémorable, il va bluffer, en prétextant que si l'accord n'est pas signé dans les conditions proposées, il stoppe définitivement les relations commerciales. Malheureusement pour lui, ses interlocuteurs ne mordent pas à l'hameçon et refusent le deal. La menace est mise à exécution par le directeur commercial qui « n'a qu'une parole » et les relations commerciales sont définitivement terminées avec le client. Le souci, c'est que ce client pèse 32 % du chiffre d'affaires de la PME. En cherchant un coup d'éclat, il occulte la réalité de la situation, c'est-à-dire le rapport de force fortement défavorable. La recherche de l'enjeu individuel compromet l'objectif de la mission, qui n'est autre que de continuer à travailler avec ce client. Quand on bluffe, il faut pouvoir perdre et assumer les conséquences…

DE LA DÉVIANCE À LA DÉFIANCE

Quand la déviance d'un seul devient collective, elle doit être prise très au sérieux, car elle est souvent porteuse de sens :

- la défiance envers le leader de l'équipe : les équipiers ne croient plus en leur chef et se « mutinent ». C'est un risque important, qui peut conduire à la désagrégation rapide du groupe ou à la guérilla interne. Le leader doit reconquérir sa légitimité, qu'il n'a pas forcément objectivement perdue, mais que ses ouailles ne lui reconnaissent plus. Cependant, faites preuve d'humilité si toute votre équipe est contre vous, alors qu'elle vous a toujours suivi dans le passé. Interrogez-vous sur la cause de ce changement brutal. Il est toujours plus simple de décréter que « les autres ne comprennent rien » plutôt que d'essayer de travailler sur soi-même. Considérez ces alertes comme des opportunités et non comme des contraintes ;
- la perte de sens dans la mission : les équipiers ne croient plus à ce qu'ils font. Ils avancent à reculons ou refusent d'aller plus loin. Il convient de redonner la vision et d'expliquer pourquoi elle est nécessaire[6] ;

---

6. Cf. chapitre 5 « La confiance dans la mission ».

- la compétition interne abusive : la compétition est un facteur de performance à condition qu'elle s'arrête avant de générer des conflits entre les équipiers. Il faut rappeler la mission pour remettre dans la ligne collective les équipiers trop « engagés », et le règlement intérieur qui tempère les ardeurs agressives de certains : le dosage entre coopération et compétition est toujours un mélange délicat à réaliser.

L'ENTRAÎNEMENT

Il y a deux choses qui soudent la cohésion opérationnelle des équipes et qui créent de la confiance interne : les situations réelles que l'équipe va devoir affronter, ce qui est l'essence même du groupe (la mission) et l'entraînement collectif qui va simuler les situations au plus près de la réalité.

Le principe de l'entraînement est l'entretien et l'amélioration des compétences acquises par la formation. Quand il est réalisé en équipe, l'entraînement cherche à conforter la compétence de chacun, mais surtout à créer les habitudes de confiance qui seront primordiales en situations réelles.

CRÉER LES HABITUDES DE CONFIANCE

Beaucoup d'équipes s'entraînent à répondre de manière systématique à une situation donnée : le même scénario se répète régulièrement, et les réponses efficaces sont ancrées dans les comportements. C'est le « drill », l'entraînement par la répétition. S'il est propice à l'ancrage des compétences individuelles, il permet aussi la répétition de comportements collectifs et à la reconnaissance mutuelle.

Dans une expérience menée pour des groupes de négociateurs de crise, les instructeurs d'ADN Group, ont constitué des équipes de quatre experts (CPN)[7], qui ne se connaissaient pas avant, chaque équipe étant dirigée par un chef d'équipe (CPN2)[8]. Dans un premier entraînement, les performances des équipes sont analysées et évaluées les unes par rapport aux autres. Lors d'un second entraînement, les mêmes équipes sont confrontées à une situation plus difficile, et on constate que la performance de chaque équipe augmente par rapport au premier exercice. Lors d'un troisième entraînement, les CPN sont mélangés, mais les chefs restent. La performance des CPN diminue, car ils ne se connaissent pas, mais celle des CPN2 reste constante. Lors d'un quatrième exercice, les mêmes équipes agissent dans une situation plus difficile que la précédente, et la performance de l'équipe augmente, comme celle des chefs d'équipe. La conclusion de cette expérience est que l'efficacité collective, fondée sur l'entraînement, repose sur la performance des chefs d'équipe et sur la connaissance-reconnaissance mutuelle des membres de l'équipe. C'est à cela que doit servir un entraînement.

Pour être efficients, les mises en situation et les exercices doivent être plus complexes et plus difficiles que la réalité : on doit rater à l'entraînement pour ne pas rater en situation. Dès lors, ils doivent permettre de travailler la rupture et la surprise.

TRAVAILLER LA RUPTURE ET LA SURPRISE

Le danger des entraînements sans surprise est ce que l'on appelle la « contrainte de sentier ». À force de marcher toujours au même endroit, on marque le passage et notre cerveau

7. Certified Professional Negotiator. www.cpn-nego.com.

8. Certified Professional Negotiator niveau 2, c'est-à-dire responsable d'équipe de négociation.

ne se pose plus la question de passer par ailleurs, même si cela pourrait s'avérer plus efficace. Lors d'un entraînement d'un groupe d'intervention asiatique par des experts français, les colonnes d'assaut sont formées à intervenir sur des autobus de transport public en rentrant simultanément par la porte avant et par la porte arrière. Pendant deux journées, les méthodes d'ouverture de porte et d'investigation du bus sont répétées, le véhicule arrivant toujours par la droite au vu de la configuration des lieux. Les équipes formées font preuve d'une excellente rapidité d'intervention. Le troisième jour, le lieu d'entraînement n'est plus disponible et les équipes vont devoir se rendre sur un autre site. Sur ce lieu, le bus est obligé d'arriver par la gauche. Habituées depuis deux jours à ouvrir les portes d'un bus arrivant de la droite, les colonnes d'assaut se positionnent très rapidement… du mauvais côté du bus ! Et mettent plus de vingt secondes avant de prendre l'initiative de faire le tour du bus, attendant l'ordre des instructeurs plutôt que de s'adapter d'initiative. Le « sentier » créé par les deux premières journées d'entraînement a ancré un mode opératoire automatique qui s'est activé sans discernement.

L'entraînement, comme facteur de construction de la confiance d'équipe, doit être axé sur quatre niveaux :

- l'entraînement des compétences techniques, développer la vitesse d'action. Agir rapidement participe à la performance et mise sur l'initiative des intervenants : quand une compétence technique est intégrée de manière quasi parfaite, son exécution devient beaucoup plus rapide. Dans les entraînements sportifs, on appelle cela les « formes de corps » ;
- l'entraînement des compétences tactiques, pour miser sur l'agilité. Les combinaisons d'action semi-planifiées permettent l'adaptation aux situations, mélangeant la préparation et l'improvisation pour développer l'agilité ;

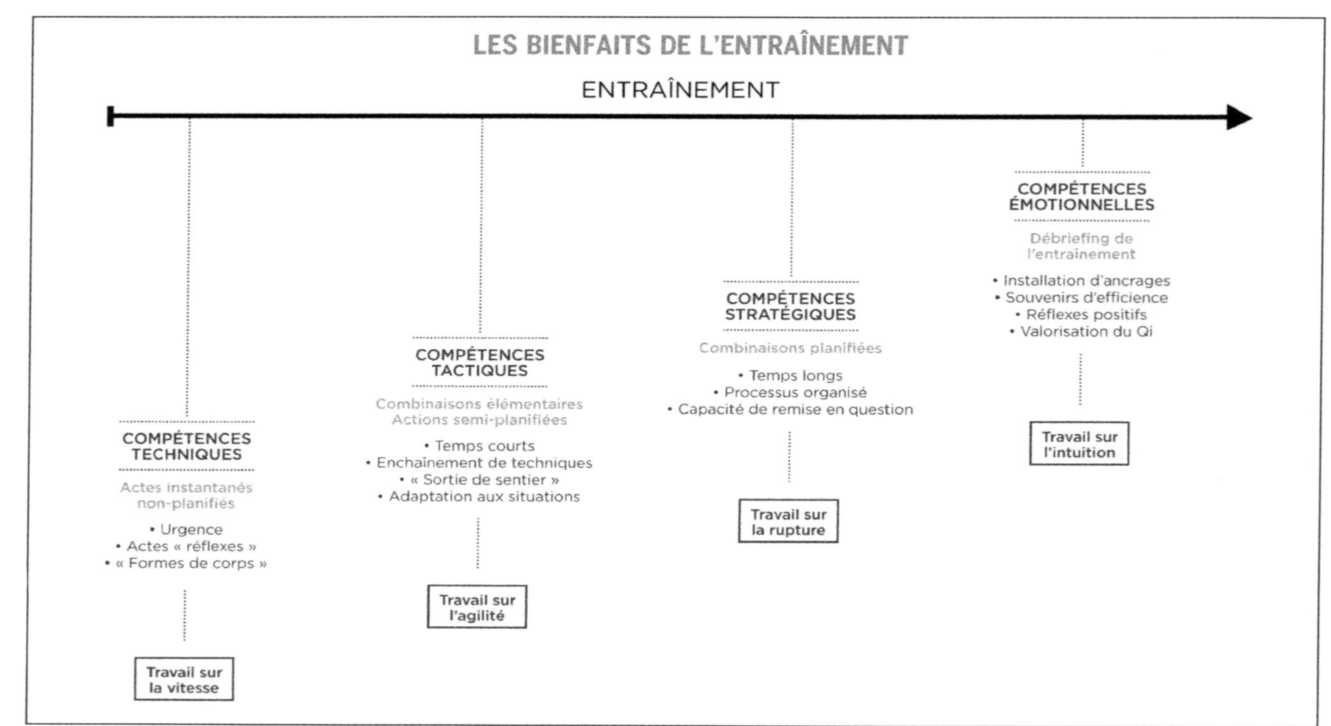
LES BIENFAITS DE L'ENTRAÎNEMENT
ENTRAÎNEMENT
COMPÉTENCES TECHNIQUES
Actes instantanés non-planifiés
• Urgence
• Actes « réflexes »
• « Formes de corps »
Travail sur la vitesse
COMPÉTENCES TACTIQUES
Combinaisons élémentaires
Actions semi-planifiées
• Temps courts
• Enchaînement de techniques
• « Sortie de sentier »
• Adaptation aux situations
Travail sur l'agilité
COMPÉTENCES STRATÉGIQUES
Combinaisons planifiées
• Temps longs
• Processus organisé
• Capacité de remise en question
Travail sur la rupture
COMPÉTENCES ÉMOTIONNELLES
Débriefing de l'entraînement
• Installation d'ancrages
• Souvenirs d'efficience
• Réflexes positifs
• Valorisation du Qi
Travail sur l'intuition

- l'entraînement des compétences stratégiques, les combinaisons planifiées ont pour objectif d'ancrer les pratiques de rupture et d'éviter les « contraintes de sentier » ;
- l'entraînement des compétences émotionnelles, pour développer l'intuition. Souvent oubliées lors des entraînements et de leurs débriefings, les compétences émotionnelles ancrent les ressentis des participants qui participent au développement de l'intuition, cette capacité inconsciente à interroger nos marqueurs émotionnels issus de nos expériences passées.

L'INTÉGRATION DES NOUVEAUX

L'équipe est une sorte d'organisme vivant en perpétuelle évolution : chaque composante individuelle connaît ses propres changements, et certains membres de l'équipe la quittent pendant que d'autres la rejoignent. La façon d'intégrer les « nouveaux » a un impact non négligeable sur la confiance d'équipe.

LES FNG : « FUCKING NEW GUYS »

L'expression FNG « Fucking New Guys » est née lors de la guerre du Vietnam au sein des troupes américaines et notamment du corps des Marines. L'arrivée de nouveaux contingents de soldats parmi les sections expérimentées déclenchait quolibets et brimades qui mettaient les nouveaux à l'index. Les officiers américains ont constaté l'effet délétère de cet accueil et du manque de considération des soldats expérimentés pour les nouveaux.

La méfiance, voire la défiance des combattants aguerris, créait une scission entre les équipiers, les anciens préférant évoluer en équipes réduites sans nouveaux plutôt que de constituer une équipe à l'effectif optimal obligeant d'intégrer des soldats en qui ils refusaient de placer une part de leur confiance. Constatant les effets dévastateurs de ce manque d'intégration, la hiérarchie militaire US a fixé des règles, notamment l'affectation d'un ancien à chaque nouvel arrivant, devant remplir le rôle de mentor. Cette règle, imposée à tous les anciens, a accentué le fossé entre les deux populations et n'a fait qu'accroître le nombre de pertes humaines, les anciens considérant la formation des nouveaux comme une contrainte et non comme une opportunité, un détournement de leur attention au détriment de leur sécurité personnelle.

La création des conditions d'une intégration efficace des nouveaux arrivants est un facteur clé de la construction d'une confiance d'équipe. Quand les premières pierres de l'édifice sont mal posées, tout le bâtiment peut finir par se fissurer et s'effondrer.

INTÉGRER SANS DÉSINTÉGRER

L'intégration efficace demande une réflexion préalable et un investissement pour l'avenir. Un groupe de construction et de promotion immobilière, basé dans l'Est de la France, a constitué une filiale dédiée à l'intégration des nouveaux arrivants. Cette entité a pour seul objectif d'accueillir les nouveaux collaborateurs pour leur faire découvrir les valeurs de la société, l'ensemble des métiers couverts par les entreprises du groupe, et voir avec eux la meilleure façon de les faire entrer dans leur nouveau métier avec

Intégrer sans désintégrer, c'est susciter l'acceptation mutuelle des anciens et des nouveaux.

l'appui des plus anciens. Une prise en compte de l'importance de l'intégration des nouveaux qui s'avère payante sur le long terme.

L'intégration des nouveaux ne doit pas se faire au détriment de leur personnalité, de leur vision et de leur ambition personnelle. Intégrer sans désintégrer, c'est susciter l'acceptation mutuelle des anciens et des nouveaux. Les collaborateurs expérimentés doivent considérer les néophytes comme une opportunité pour leur équipe, du « sang neuf » boosté par leur formation, leur énergie et leurs idées nouvelles. Les nouveaux, quant à eux, doivent considérer les anciens comme une mine de compétences et d'expériences qui va pouvoir enrichir leur propre confiance en eux, et non comme des *« has been »* qu'ils auront vite fait de remplacer.

Les équipes efficientes appliquent plusieurs règles pour l'intégration des nouveaux entrants :

- les arrivants sont accueillis par un ou plusieurs anciens, qui leur racontent l'histoire de l'organisation : ses origines, ses traditions, ses succès, ses difficultés par le passé, ses moments de gloire[9] ;
- les valeurs et le règlement intérieur qui découlent de l'histoire sont présentés aux nouveaux comme les règles du jeu « non négociables » de l'organisation ;
- chaque néophyte est supervisé par un mentor, dont la fonction est valorisée dans l'organisation ;
- le mentor doit pouvoir se dégager du temps, validé avec son supérieur, pour le consacrer aux néophytes ;
- après un temps défini à l'avance, les nouveaux sont invités à donner leur avis sur ce qu'ils ont vu, vécu, et sur

9. Cf. chapitre 6 « La confiance dans l'histoire ».

les idées d'amélioration qu'ils pourraient proposer. C'est le fameux rapport d'étonnement. Ces idées sont reçues avec intérêt de la part des anciens qui regardent si elles peuvent accroître l'efficience de l'équipe. Pensez aux *Lettres persanes* de Montesquieu. Deux seigneurs persans en voyage d'étude en France qui vont la découvrir sous un regard dénué de jugement, curieux et vif. On peut en attendre autant des nouveaux entrants ;

- les nouveaux sont invités à participer aux « rituels » de l'équipe pour finaliser leur intégration définitive (happy hours le lundi, équipe de foot corporate, réunion bimensuelle avec la direction...)

Quand l'intégration des nouveaux est considérée, non pas comme une contrainte chronophage, mais comme une opportunité d'amélioration du système, la confiance d'équipe s'installe durablement pour les nouveaux arrivants.

À l'occasion d'un challenge sportif inter-entreprises organisé sur plusieurs jours, une start-up décide de monter une délégation pour la représenter. Seul bémol, toutes les autres entreprises participantes sont dotées d'équipes qui ont déjà participé à ce genre d'épreuves alors que la start-up n'en a aucune expérience, et seul un de ces collaborateurs a l'expérience de ce type de challenge. Qu'à cela ne tienne, pendant plusieurs mois, les néophytes vont s'entraîner autour de leur collègue plus aguerri. Chacun va partager avec les autres ses points forts, ses points faibles. Ils vont s'exercer à toutes les épreuves qu'ils vont devoir affronter : vélo, course à pied, natation, trail, tir à l'arc, tir à la corde... Chaque collaborateur va découvrir ses limites et ses points forts, et tous les entraînements vont faire l'objet de débriefings objectifs et constructifs. Des règles de fonctionnement interne vont être érigées, sur la base d'un travail collectif auquel tous ont participé. À quelques jours du challenge, les participants partent se mettre au vert ensemble, pour partager les derniers moments de préparation et de concentration. Pendant l'épreuve, cette équipe que personne ne connaît va faire preuve d'une confiance interne redoutable, et chacun va se mettre au service des autres pour l'accomplissement d'une performance que personne n'aurait espérée, l'équipe se classant troisième du challenge, loin devant des équipes réputées plus chevronnées. Plusieurs mois après leur performance, les équipiers parlent encore de leur expérience extraordinaire, et tous constatent l'impact positif que ces moments de défis ont eu sur leur collaboration au quotidien. Malgré l'ampleur du défi, chaque équipier a su créer une confiance interne forte, par l'entraînement, par la reconnaissance mutuelle, par un règlement intérieur partagé : une confiance d'équipe source de dépassement au profit d'une œuvre collective.

L'EXCÈS DE CONFIANCE D'ÉQUIPE

Quand une équipe est persuadée qu'elle ne peut pas rater, ce sont les ennuis qui commencent. Comme tous les niveaux de confiance, la confiance d'équipe peut connaître des excès qui s'avèrent être dévastateurs. Nous en avons choisi trois, car ils peuvent toucher des équipes qui ont fait preuve par le passé de leur efficacité, et qui tombent dans le piège de l'excès de confiance par aveuglement ou par méconnaissance des pièges de nos inconscients collectifs.

ILLUSION DE FIABILITÉ DE L'ÉQUIPE

Des équipes qui connaissent des succès répétés peuvent avoir une tendance irrépressible à surestimer ses capacités : « Nous avons toujours été bons, il n'y a pas de raison que cela change. » Si cette sensation de toute-puissance renforce considérablement le sentiment de sécurité des équipiers et le quotient d'insécurité collectif, elle développe également l'illusion de fiabilité de l'équipe. Quoi qu'il arrive, le groupe saura faire face, comme par le passé.

Dans l'illusion de fiabilité, la perception des risques est efficace, mais les équipes se sentent plus compétentes que les autres, et parfois plus compétentes qu'elles ne le sont, pour maîtriser le risque. Lors d'une enquête menée auprès d'équipes spécialisées dans la gestion des situations de crise, 92 % se considéraient plus efficaces que la moyenne !

L'illusion de fiabilité d'une équipe peut se détecter lorsqu'un optimisme irréaliste est manifesté par l'ensemble des membres de l'équipe. Plus personne ne s'aperçoit qu'il surévalue ses capacités, car chacun se repose sur l'équipe, perçue à tort comme ultra-performante.

ILLUSION D'INVULNÉRABILITÉ DE L'ÉQUIPE

Dans le point précédent, l'équipe évalue justement les risques, mais surévalue ses capacités à faire face. Dans le cadre de l'illusion d'invulnérabilité, l'équipe a une conscience juste de ses compétences, mais sous-évalue les risques, ou considère qu'ils ne touchent que les autres.

C'est parfois le cas des équipes qui ont eu peu d'expériences de « coups durs », ou qui ont toujours évolué en environnements très normés ou très cadrés. En l'absence d'évènements significatifs impactant le sentiment de sécurité de l'équipe, son quotient d'insécurité est élevé, mais virtuel, basé sur des perceptions erronées. Dans ce cas, des entraînements complexes permettent de mettre l'équipe à l'épreuve et de les ramener à une perception réaliste des risques environnants. À vivre dans un environnement simple, on apprend à gérer la simplicité. À évoluer dans un environnement complexe, on s'adapte à la complexité.

L'EFFET « FORTERESSE »

Un autre effet de l'excès de confiance d'équipe amène un effet « forteresse », qui pousse le groupe à rejeter les manques de performance sur les autres, et non sur sa propre action. Dans le cadre d'une formation de longue haleine, une équipe de négociateurs est impliquée dans un exercice très complexe de négociation multipartite et interculturelle. L'équipe est très soudée, cohésive, mais semble victime d'un excès de confiance visible dans plusieurs succès précédents, qui ont fait l'objet d'un triomphalisme exagéré. Comme cela était prévisible, les négociateurs en entraînement vont lamentablement rater l'exercice. Lors du débriefing, aucun équipier n'a remis en question sa compétence ou son rôle, mais tous ont rejeté la responsabilité sur l'exercice lui-même, considéré comme trop dur, trop complexe et très éloigné de la réalité : ils se sont enfermés dans une « forteresse » de certitude pour se dédouaner de leur propre responsabilité. Ils ont tous dû revenir à la réalité quand les formateurs leur ont indiqué que l'exercice était la réplique exacte d'une véritable négociation qu'ils avaient eue à gérer eux-mêmes.

L'effet « forteresse » n'est pas sans rappeler le phénomène de dissonance cognitive proposé par le psychosociologue Léon Festinger. L'homme a tendance, dans ses moments de faiblesse, à corriger la réalité en soumettant son jugement à l'interprétation, ce qui le mène à blâmer les circonstances plutôt que de travailler sur lui-même. Ainsi, il peut sortir la tête haute même après avoir échoué.

CHAPITRE 4

LA CONFIANCE HIÉRARCHIQUE

Croire dans celle ou celui qui vous guide est un gage de confiance pour ceux qui doivent avancer vers l'inconnu. Avoir confiance dans son leader, c'est déjà commencer à réussir. Ceux qui ont été amenés à évoluer en environnement à risque le savent bien : les équipes travaillent mieux et plus rapidement si elles ont confiance dans les leaders qui leur donnent la vision et le sens.

Il n'est pas donné à tout le monde de pouvoir engager ses troupes et leur permettre de se projeter, de concevoir une image mentale réaliste de l'objectif auquel on souhaite aboutir : la confiance du chef et la confiance en son chef permettent cette projection efficiente. Mais quand cette confiance fait défaut, l'organisation s'engage dans l'inertie et dans la dynamique de l'échec.

Asie du Sud-Est – 2015. Dans le cadre de l'évacuation de collaborateurs expatriés d'un pays à risque en proie à une pandémie potentielle, une organisation paragouvernementale va monter une structure dédiée à la préparation et à la gestion de la crise. La situation s'avère particulièrement complexe : il y a quarante et un expatriés à ramener dans leurs neuf pays d'origine, dont certains sont sur place avec femmes et enfants, ce qui constitue un total de soixante-huit personnes à mettre en sécurité.

Le pays en question connaît des tensions sociales graves depuis plusieurs mois, et un groupe terroriste évoluant dans un pays voisin au nord fait des incursions régulières dans les villes frontalières, semant la terreur parmi les populations qui migrent vers la capitale. La pandémie naissante ravage le sud du pays, et les gouvernements de la plupart des pays dont sont issus plusieurs centaines de ressortissants étrangers émettent à leurs compatriotes la recommandation d'évacuer au plus vite. Le seul aéroport de la capitale est saturé, et les routes ne sont pas sûres.

Pour monter son opération d'évacuation, un haut responsable de l'organisation paragouvernementale va constituer une équipe composée des meilleurs experts : logistique, sécurité, RH, santé, transport, géopolitique... Mais au lieu de présenter à tous la même mission, à savoir évacuer les collaborateurs en une seule fois pour les ramener en Europe, vérifier leur état de santé et ensuite les dispatcher dans leurs pays d'origine, le responsable du dispositif va aller au contact des experts un par un, en leur demandant de préparer des morceaux de la mission, mais sans les impliquer de manière collective. Méfiant, car considérant qu'il joue sa légitimité de dirigeant, il va exercer un microcontrôle de toutes les actions de chacun, braquant la moitié des experts à qui il fait comprendre qu'il connaît leur travail aussi bien qu'eux.

Quand il va déclencher l'opération, personne ne sait vraiment ce qu'il doit faire, qui doit prendre l'initiative sur quoi, et toutes les parties prenantes finissent par douter de la capacité de leur chef à les coordonner. Toutes les remarques faites en ce sens amènent des critiques acerbes et violentes de la part du dirigeant, qui décide même de relever un expert de ses fonctions. Au bout de plusieurs heures, aucune décision n'est prise et l'évacuation traîne en longueur, le dirigeant décidant de vérifier par lui-même tout ce que lui

disent les membres de la cellule de crise. L'opération d'évacuation est finalement réalisée dans la douleur, mais onze expatriés vont y laisser leur vie, dont deux enfants.
Heureusement, il ne s'agissait là que d'un exercice grandeur nature, et aucune victime n'a payé de sa vie le manque de confiance du dirigeant envers son équipe. Mais sans une vision claire de l'objectif commun, sans une implication active de chacun en confiance avec leur chef et bénéficiant de la confiance de leur chef, des experts pourtant triés sur le volet ont mis en œuvre un fiasco qui aurait pu s'avérer meurtrier s'il s'était agi d'une véritable opération de sauvetage.

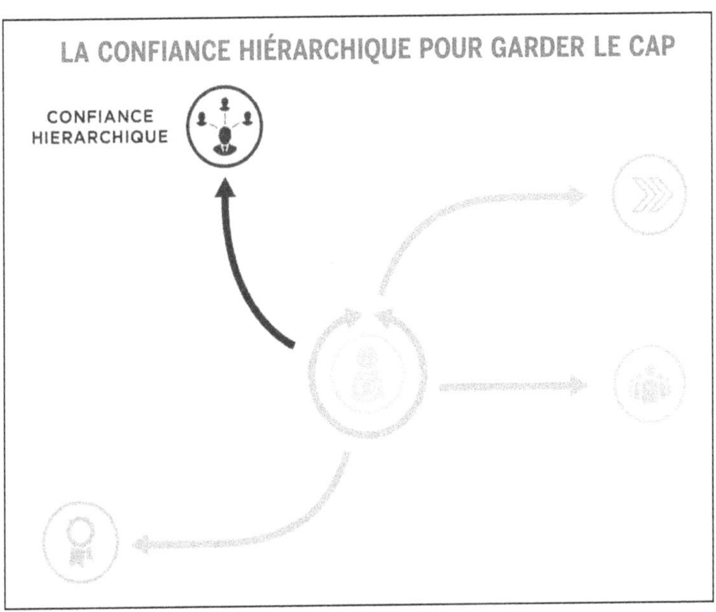

DE LA VISION À LA MISSION

La notion de vision est irrémédiablement associée à la notion de leadership : dans l'imaginaire collectif, le bon leader est forcément un visionnaire. Dans la réalité, les choses ne sont pas aussi simples : il vous suffit de regarder autour de vous ceux qui ont un rôle de direction ou de commandement pour vous apercevoir que tous ne sont pas des visionnaires, loin de là.

Dans la classification LFS[1] réalisée par ADN Group, les Leaders sont divisés en Leaders Actifs, qui ont une vision et une position proactive sur leur environnement, et les Leaders Réactifs qui réagissent à la vision des Leaders Actifs en lui donnant du sens, mais qui n'ont pas de vision eux-mêmes. Il peut aussi arriver qu'un Leader Actif soit également Réactif, quand il doit lui-même donner du sens à sa vision.

LA VISION STRATÉGIQUE DU LEADER

La vision stratégique du leader est une orientation vers l'avenir, une imagination de ce qui devrait être fait dans la réalisation d'un objectif. Elle peut être basée sur une intuition exacerbée, une capacité d'anticipation accrue, une ambition, un « coup de folie » génial. Ce qui caractérise une vision, c'est qu'elle est généralement en rupture avec ce qui se pratique déjà ; tout ce qui doit finir est déjà fini, et les leaders actifs le savent avant les autres. Une vision n'est rien d'autre qu'un pari sur l'avenir, les décisions prises aujourd'hui pour gérer les situations de demain. Comme il n'existe que des idées que l'on se fait sur l'avenir, disons que Les Leaders Actifs se font une idée plus audacieuse que les autres.

Ce qui caractérise une vision, c'est qu'elle est en rupture avec ce qui se pratique déjà.

1. *Leaders, Followers, Slowers*, voir infra.

Dans un environnement d'incertitude marquée, les changements de cap sont nécessaires, tout comme la détermination à les mener à bien. Quand Christophe Colomb embarque sur ses navires, il a la vision d'une nouvelle route des Indes. Il parvient à convaincre son roi, Ferdinand II, ses armateurs, les frères Pinzón, et ses équipages, qui vont le suivre jusqu'à la découverte des Amériques : c'est aujourd'hui un héros dont l'effigie est présente dans de nombreux pays. Mais la vision est souvent ingrate : quand elle aboutit à un résultat gratifiant, on congratule son auteur comme un visionnaire génial. Quand elle rate, on le traite de fou stupide. Si Colomb n'avait pas découvert l'Amérique, personne ne connaîtrait son nom...

Si le luxe ou la mode peuvent être la cible de faussaires, les « faux » Leaders Actifs peuvent également exceller dans la contrefaçon. Nous pouvons en considérer deux sortes :

- les « coucous », qui se mettent dans le nid d'un autre et qui finissent par le jeter par-dessus bord. Ils ont la chance de succéder à un visionnaire et s'approprient sans vergogne ses idées comme si elles étaient le fruit de leur vision personnelle. Ce sont souvent des champions du marketing et de la communication, qui privilégient la forme au fond ;
- les « paons », qui croient avoir une vision, mais dont la seule ambition est de laisser leur nom dans les annales, fût-ce avec une idée inutile ou contre-productive. Le nombre de lois qui ne servent à rien, mais qui portent le nom de leurs créateurs prouve là aussi que la forme peut être, pour certains, bien plus importante que le fond.

Heureusement, il existe aussi des leaders actifs « promoteurs », qui reprennent les idées d'un autre en les développant, en les valorisant, sans oublier qui en est l'auteur. Développer une idée qui a déjà été lancée en l'imaginant de façon différente, c'est aussi avoir une vision.

TRANSFORMER LA VISION EN MISSION OPÉRATIONNELLE

Pour être intégrée par les followers qui vont la mettre en œuvre, la vision doit être réaliste, ou du moins l'essentiel de ce qu'elle représente doit être réaliste. Même quand on a une idée géniale, si ceux qui doivent la suivre n'y croient pas du tout, elle ne verra jamais le jour. À quoi sert un leader sans Followers ? Et vous, considérez-vous que votre vision est réaliste ?

Pour qu'elle devienne une réalité, la vision doit être transformée en mission opérationnelle.

Si celui qui l'exprime en a une idée claire, ceux qui la reçoivent peuvent se sentir perdus : la vision est souvent un concept flou, global, une direction aux azimuts larges. Elle est déjà une réalité pour le Leader Actif, elle n'est pas forcément visible pour les followers. Pour qu'elle devienne une réalité, elle doit être transformée en mission opérationnelle : c'est le job des Leaders Réactifs : sans eux, la vision reste une pure idée, un élan sans réalité, c'est à eux que revient la tâche de savoir comment aller à l'objectif.

Pour rendre la mission opérationnelle, rien de mieux que d'intégrer l'équipe dans la réflexion et la création de la mission. Les Followers ont tous une vision tactique, issue de leur connaissance du terrain. Leur implication au plus tôt motive chacun à adhérer à la mission, et évite les incongruités ou les erreurs tactiques.

Donner du sens est parfois encore plus difficile que d'avoir une direction vers laquelle tendre, et rendre la vision intelligible et compréhensible par les Followers demande du temps, de la détermination, de la précision et du suivi.

- le temps : quand on a une idée et que l'on est sûr qu'elle est la clé du succès, il est fréquent d'être impatient. Pourtant, trouver les leviers pour faire adhérer l'organisation à la vision ne se fait pas en un claquement de doigts. À vouloir aller trop vite, on crée des contresens, des frustrations, des interprétations erronées qui freinent la stratégie ;
- la détermination : dans la durée, garder la foi constante dans l'objectif demande de mobiliser beaucoup d'énergie. Celui qui a eu la vision y croit par nature, ceux qui la font vivre peuvent traverser des moments de doute ou de remise en question. Ces interrogations sont normales, elles ne doivent cependant pas limiter durablement la détermination de ceux qui donnent le sens ;
- la précision : les Followers, pour se sentir acteurs de la stratégie, doivent savoir avec précision ce que l'on attend d'eux. Donner des délégations trop larges ou des instructions mal cadrées conduit à une perte de sens et à la démotivation qui s'y associe ;
- le suivi : la confiance n'exclut pas le contrôle. Pour être menée à son terme, la mission doit faire l'objet de points d'étape réguliers, pour recaler chaque Follower dans ce que l'on attend de lui ;
- si un leader veut fédérer dans la durée ses Followers, il doit avant tout déléguer les responsabilités et non les tâches. C'est la différence entre la délégation positive et la délégation négative. Les responsabilités par définition « *responsabilisent* » l'équipe, fédèrent les membres autour d'un objectif commun. Comme la responsabilité de chacun est engagée dans l'atteinte de l'objectif, si l'un flanche, c'est toute l'équipe qui en portera le poids. Ainsi, en étant responsable de son périmètre, on devient coresponsable du périmètre des autres ;

- un chef de service avait pour habitude de faire remplir de façon hebdomadaire à ses équipes des tableaux de bord incompréhensibles. Non seulement les équipes n'en voyaient pas l'intérêt, mais elles perdaient en moyenne une journée par semaine à faire ce reporting. Autant de temps qu'elles estimaient perdu face aux urgences opérationnelles. Un beau jour, un membre de l'équipe décida de remplir les tableaux de bord en dix minutes au lieu des sept heures habituelles, en les saupoudrant de chiffres à la va-vite. Puis un autre collaborateur fit de même. À leur grande surprise, aucune réaction de leur chef. L'équipe entière passa alors mode rapide, c'est-à-dire dix minutes de remplissage hebdomadaire de « fausses données », et toujours sans aucune remontée de la part de leur chef. Au-delà de la futilité de la tâche, si l'équipe ne s'investit plus, c'est que non seulement elle n'y voit pas de sens global (si les tableaux ne sont pas remplis, cela n'aura aucun impact sur l'activité), mais également, elle ne se sent pas responsable de la tâche (c'est encore une lubie du chef).

LA CONFIANCE DU COMMANDEMENT

Pourquoi sommes-nous plus enclins à suivre certains leaders plutôt que d'autres ? Certainement parce qu'ils savent susciter la confiance de leurs équipes, de leur entourage, de leur environnement. Nous vivons depuis plusieurs années une défiance envers ceux qui représentent l'autorité : les hommes et les femmes politiques sont décriés par les électeurs, les dirigeants d'entreprises sont vilipendés par les représentants des collaborateurs, les maîtres à penser sont challengés par la jeunesse montante. Mais nous avons vu dans les chapitres précédents qu'en environnement d'incertitude, les effecteurs se réduisent et ceux qui prennent la main sur les décisions ne peuvent avancer que s'ils sont suivis.

COURAGE ET ÉQUITÉ

Un chef n'est pas là pour être aimé, mais pour être suivi par ses troupes. Dans une interview télévisée, un homme politique investi d'une mission de premier plan répondait à une question d'un journaliste portant sur une de ses prises de décision : « Mais si je ne fais pas cela, monsieur, que va-t-on dire de moi ? » Cette phrase résume à elle seule une des raisons de la défiance envers l'autorité. Un chef est-il là pour que l'on dise du bien de lui, ou pour avoir le courage de prendre les bonnes décisions même si cela ne lui attire pas l'affection de ses troupes ?

> ***Plutôt qu'être aimé, le chef doit être respecté, et pour être respecté, il doit être respectable.***

Plutôt qu'être aimé, le chef doit être respecté, et pour être respecté, il faut être respectable. À de nombreuses reprises, nous avons interrogé des membres d'équipes reconnues pour leur efficacité et leur performance. À la question : « Quels sont les mots qui évoquent le mieux le respect que vous accordez à votre chef ? », les deux mots qui ressortent le plus souvent sont « courage » et « équité ». Le courage dans l'application des règles et des décisions, l'équité dans le fait que tous les collaborateurs sont soumis au même régime, et ce, quelle que soit la relation qu'ils entretiennent avec leur chef. Dans une entreprise de BTP, un dirigeant a sanctionné un de ses plus anciens collaborateurs à la suite d'une faute commise sur un chantier. Non seulement ce collaborateur l'a remercié de l'avoir traité avec équité, car il n'aurait pas supporté le regard des autres s'il avait reçu un traitement de faveur du fait de son ancienneté, mais tous les autres collaborateurs ont pu apprécier l'équité de leur chef, quelles que soient les circonstances.

Le courage, c'est aussi d'être capable de tout dire, même quand cela ne fait pas plaisir. Savoir que son chef va dire les choses telles qu'elles sont renforce la confiance. Mais il ne faut pas toujours tout dire tout de suite. Lors d'une négociation de crise, une information majeure a été cachée par son chef au négociateur au contact, car elle aurait pu modifier son niveau émotionnel et le preneur d'otages aurait pu s'apercevoir du changement d'attitude qu'il aurait pu interpréter comme les prémices d'une intervention. Mais dès que l'opération s'est terminée, le chef a informé le négociateur et lui a expliqué pourquoi il lui avait caché l'information, ce que le négociateur a accepté sans réserve, car il y avait une raison opérationnelle à cette entorse à la transparence. Le chef ne doit pas toujours tout dire à ses équipes, qui doivent accepter à leur tour de ne pas tout savoir. C'est au débriefing, quand la mission est terminée, que l'ensemble des informations sont délivrées ainsi que les motifs qui ont présidé à cette discrétion du chef.

Lors d'une prise d'otages dans le sous-sol d'un restaurant à New York, le groupe d'intervention de police est mobilisé. Les propriétaires du restaurant sont attachés à leur chaise par des cordes serrées. Les ravisseurs demandent de l'argent et des moyens logistiques pour s'échapper. La négociation est engagée par téléphone. Les membres du groupe d'intervention parviennent à placer des caméras endoscopiques dans les bouches d'aération, procurant ainsi au négociateur une vision complète de la situation. Au cours des échanges, le négociateur parvient à obtenir des ravisseurs qu'ils détachent les otages, ces derniers étant relativement âgés, la pression des cordes pouvant représenter une menace vitale. L'échange téléphonique est le suivant :

– Ça y est, on a tenu parole, on vient de détacher les otages !

– Je vois ça, merci.

– Comment ça, vous voyez-ça ?

– Je voulais dire, je vous crois.

– Non, ce n'est pas ce que vous venez de dire !

Comprenant qu'ils étaient peut-être observés, les ravisseurs cherchent partout dans la pièce et trouvent des caméras dans les bouches d'aération. Cette seule phrase a manqué de tout faire basculer. Heureusement, l'opération s'est finalement bien terminée, même si elle a été très chaotique. Depuis cet épisode, les informations qui parviennent au négociateur sont soigneusement sélectionnées afin d'éviter un embrasement psychologique ou un changement d'attitude qui pourrait compromettre l'objectif de la mission.

SUSCITER LES OPPOSITIONS

Le leader a une vision stratégique, globale, qui l'éloigne de la connaissance du terrain et de l'opérationnel. Cette séparation est primordiale pour développer la confiance dans la mission[2]. Pourtant, le leader doit avoir une perception opérationnelle de sa vision et de la mise en œuvre de la stratégie qui en découle. Pour cela, il doit solliciter les avis et positions des collaborateurs de terrain.

2. Cf. chapitre 5 « La confiance dans la mission ».

Quand les équipes sont en ligne avec la vision de leur chef, il n'est pas difficile de lui apporter des compléments d'information, ou de venir « critiquer » la vision à la marge, sur des détails. C'est beaucoup plus difficile quand il existe une opposition marquée avec la vision. Or, ce sont ces oppositions qui sont les plus utiles pour alimenter l'analyse de la vision et de la stratégie. Pour libérer les blocages potentiels, le leader doit autoriser et solliciter les oppositions de ses équipes et l'instaurer en règle du jeu.

Pour libérer les blocages potentiels, le leader doit autoriser et solliciter les oppositions de ses équipes.

Dans un centre scientifique renommé, un matériel d'expérimentation extrêmement coûteux et dangereux est placé en maintenance tous les deux ans. Après les travaux et les tests réalisés pendant plusieurs semaines, lorsque le directeur du centre prépare la remise en service, il pose une question simple à ses équipes : « Dites-moi pourquoi je ne devrais pas remettre ce matériel en route. » Les collaborateurs doivent alors évoquer tous leurs doutes, leurs réserves ou leurs oppositions. Dès que la réunion est terminée, le directeur prend sa décision, et il n'est plus question ensuite de revenir sur ces doutes. Rechercher le « non », susciter le conflit d'opinion, ce n'est pas forcément attendre le consensus, mais c'est permettre à tous d'exprimer leur point de vue sans risquer d'être rabroué, jugé ou sanctionné. En plus, en permettant à chacun de s'exprimer, il récolte des informations dont ils n'avaient pas connaissance, ce qui lui permettra soit de valider sa décision soit de la modifier.

LA LOYAUTÉ ENVERS LE COMMANDEMENT

Qu'est-ce qui fait que l'on se montre loyal envers son leader ? Comme nous l'avons évoqué dans le premier chapitre, le principe de loyauté évoque la fidélité aux engagements pris. Suivre son chef quelles que soient les circonstances est un principe parfois difficile à mettre en œuvre au quotidien.

Plusieurs motivations peuvent présider au fait de suivre son leader, mais certaines sont peu efficientes :

- la peur : quand on fait avancer quelqu'un sous la crainte d'une sanction, ce n'est pas du management, c'est du dressage. Certains leaders exercent leur autorité en se basant uniquement sur leur « galon » et leur capacité de nuisance, bien peu propice à la création de la confiance…
- la ruse : pour être tranquilles, certains collaborateurs font mine de suivre leur leader, mais avancent à reculons, sans réelle envie ni engagement. Cela finit un jour par se voir…
- l'absence de discernement : parfois, les équipes sont aveuglées par leur dévotion et n'ont plus de limites dans leur engagement derrière un leader ; une soumission à l'autorité qui sera illustrée un peu plus loin dans ce chapitre.

La loyauté relève d'une acceptation mutuelle, qui peut s'illustrer par deux principes : l'opposition constructive et la discipline opérationnelle.

L'OPPOSITION CONSTRUCTIVE

Ce n'est pas parce que le chef nous y autorise que l'on accepte de s'opposer. Il faut savoir oser dire non quand on n'est pas d'accord, et cela n'est pas une option. Ce qui va permettre au chef de croire en la confiance de ses équipes, c'est la certitude qu'il aura que ces collaborateurs lui diront non quand ils ne seront pas d'accord. Dans le cas contraire, comment avancer si personne n'ose alerter du danger ? Lors d'un comité de direction dans une filiale d'un groupe international, le directeur général s'est amusé à dire des énormités techniques, qui auraient fait bondir un débutant. Mais à sa grande surprise, aucun de ses collaborateurs n'a osé prendre la parole pour s'opposer à ses inepties et demander des explications. Il s'est alors aperçu qu'il était en danger, car personne n'osait lui dire non, et qu'il était certainement responsable de ce manque de confiance.

Pensez-vous que votre chef vous fera plus confiance parce que vous savez vous opposer à lui, ou parce que vous acquiescez systématiquement à ce qu'il dit, même quand vous n'êtes pas d'accord ?

Si la première règle de la loyauté envers son chef impose de dire non quand on n'est pas d'accord, la seconde implique une opposition constructive : quand on s'oppose, on propose. Dire non sans raison, uniquement pour faire un coup d'éclat, c'est éroder la confiance que le commandement a en vous. Une opposition doit être étayée, argumentée, pour donner au leader les outils lui permettant de la comprendre au mieux et de l'intégrer dans sa réflexion pour l'enrichir.

LA DISCIPLINE OPÉRATIONNELLE

On doit dire quand on n'est pas d'accord, mais on doit appliquer la décision si elle est maintenue, même quand on n'est pas d'accord. Un leader d'équipe, recevant une instruction de son chef avec laquelle il n'était pas d'accord, mais sans oser lui dire, retourne dans sa propre équipe et commence son briefing par la phrase suivante : « Bon, le patron a décidé de faire ça comme ça, mais bon, moi je n'étais pas d'accord. » Autant dire qu'il a peu de chance d'être suivi avec engagement en relayant une décision qu'il décrédibilise d'entrée de jeu.

Il existe au sein des équipes efficientes un principe de discipline opérationnelle qui fait qu'une fois que la décision est prise, et à moins qu'une nouvelle information majeure ne vienne impacter la qualité de la décision, celle-ci est appliquée par les collaborateurs, avec engagement et détermination, même s'ils ne sont pas d'accord. En effet, les équipes de terrain n'ont pas toujours 100 % des informations que possède le leader pour prendre sa décision stratégique.

Le terme « discipline » n'a pas bonne presse dans les organisations, à l'exception des structures militaires. Il est vrai que ce terme évoque un fouet de cuir et de métal qui servait jadis à s'infliger des flagellations pour expier une faute. En termes de management, la discipline se traduit par l'exécution des instructions données par les leaders pour la bonne mise en œuvre d'une mission collective. C'est un facteur important de la confiance du commandement.

RÉDUIRE L'INERTIE DE L'ORGANISATION

Comme tout système social organisé, une équipe, quelle que soit sa taille, est composée de parties prenantes qui appartiennent à des catégories différentes et complémentaires. Si on prend comme unité de classification la capacité d'inertie de chaque catégorie, nous pouvons répartir les membres d'une organisation en trois groupes distincts : les Leaders, les Followers et les Slowers.

LFS : LEADERS, FOLLOWERS, SLOWERS

La courbe LFS est issue de dizaines de constatations faites sur des équipes très diverses, évoluant dans des environnements plus ou moins complexes. On retrouve pratiquement chaque fois la même répartition entre les catégories : 15 % de Leaders qui impulsent l'énergie et génèrent la dynamique de l'équipe, 70 % de Followers qui suivent l'impulsion initiale et 15 % de Slowers qui ralentissent le système. Il est possible de passer d'une catégorie à l'autre, selon les circonstances et le niveau de confiance de chacun, mais à environnement constant, les catégories sont stables.

Les trois catégories peuvent être subdivisées en deux sous-groupes, selon leur niveau de pro-action ou de réaction.

- les Leaders Actifs qui ont une vision, et les Leader Réactifs qui donnent du sens et une réalité opérationnelle à la vision ;
- les Followers Actifs, qui sont prêts à agir et à prendre des initiatives tactiques quand leur feuille de route est claire et l'autonomie suffisante, et les Followers Réactifs qui attendent qu'on leur dise quoi faire, mais qui sont prêts à le faire avec engagement ;

Et vous, dans quelle catégorie vous classeriez-vous ?

- les Slowers Actifs, qui sont toxiques et nuisent à la performance de l'organisation, et les Slowers Réactifs qui subissent les situations et qui ralentissent le système par leur inertie souvent involontaire.

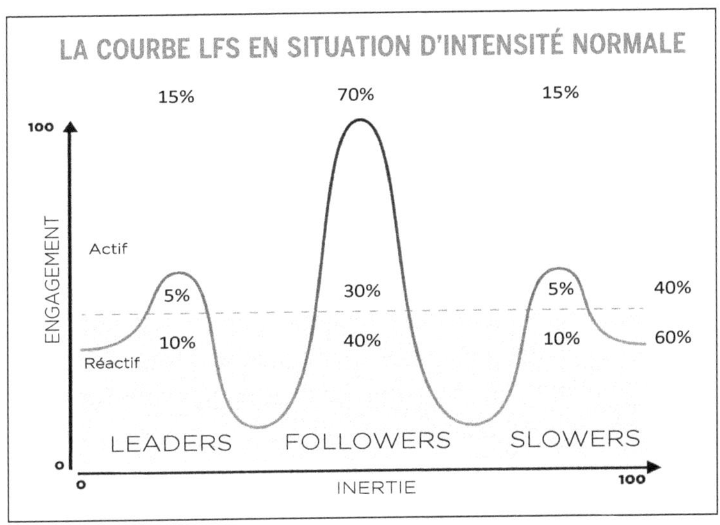

La confiance hiérarchique s'appuie en partie sur la capacité des Leaders à réduire l'inertie de l'organisation. Quand les Slowers sont trop nombreux, et que les Followers ne se sentent pas soutenus par les Leaders, le système tourne au ralenti, quand il ne recule pas. Dans une société de service, de nombreux collaborateurs sont tombés dans une logique de revendication permanente que l'on peut qualifier aujourd'hui de très excessive. Tous les Followers Actifs ont été mis à l'index, sous le prétexte d'être des suppôts de la direction, et peu à peu, le nombre de Followers Réactifs a augmenté, tout comme celui des Slowers Actifs. Incapables de redonner confiance à leurs collaborateurs, les Leaders ont tenté de rallier à la mission les quelques Followers Actifs qui restaient. Mais ce fut peine perdue : au bout de quelques mois et au vu de la perte d'activité, la société a été placée en redressement judiciaire. Elle n'existe plus aujourd'hui.

Délégation, instruction, impulsion, neutralisation.

Il est intéressant de constater que dans les situations de haute intensité, constituées d'enjeux forts, d'incertitude et de prise de risque importante, les répartitions entre les trois catégories évoluent : le nombre de Leaders Actifs se réduit fortement, tout comme celui des Followers Actifs et des Slowers Actifs. En fait, dès que les enjeux sont importants, beaucoup de collaborateurs qui se trouvaient en mode actif basculent en mode réactif et attendent qu'on leur indique quoi faire. Dans les situations complexes, le nombre d'effecteurs se réduit, et seuls ceux qui ont une forte confiance en eux[3] restent acteurs des événements. C'est dans ces moments que la confiance hiérarchique prend toute son importance, pour neutraliser l'inertie accrue et éviter la paralysie du système.

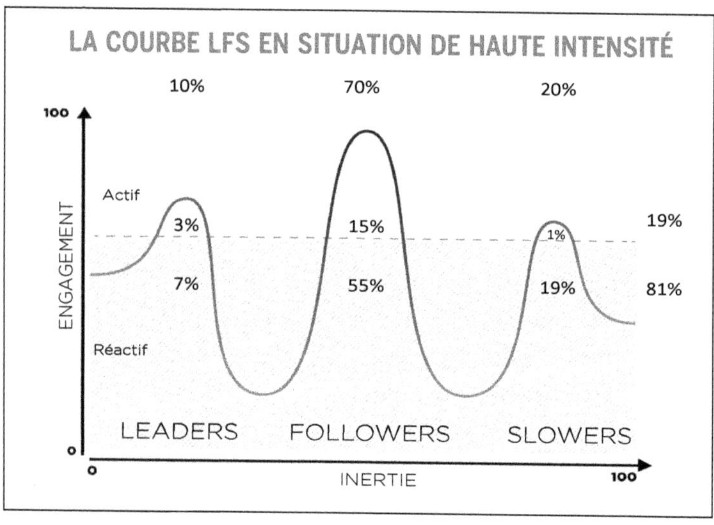

Pour réduire l'inertie, les Leaders vont devoir déléguer une partie de leur pouvoir aux Followers Actifs, pour qu'ils aient un mandat clair et une marge de manœuvre tactique

3. Cf. chapitre 2 « La confiance en soi ».

qui corresponde à leur envie de s'engager et de prendre des responsabilités. Les Followers Actifs devront ensuite donner des instructions aux Followers Réactifs pour mettre en œuvre la mission donnée par les Leaders.

En ce qui concerne les Slowers Réactifs, il faudra leur donner une impulsion, en prenant en compte les raisons de leur inertie, comme c'est le cas des personnes résistantes au changement.

Quant aux Slowers Actifs, les toxiques qui sabotent le système, il faudra neutraliser leurs actions pour éviter la paralysie morbide : dans un monde en perpétuelle évolution, les organisations qui ne s'adaptent pas meurent. Il est possible de neutraliser les « toxiques » en quatre étapes :

- prise en compte des revendications et mises en œuvre d'actions correctives si elles sont pertinentes et nécessaires ;
- rappel à l'ordre et au « bon sens » si les revendications injustifiées subsistent ;
- sanction si le rappel à l'ordre n'a pas d'effet ;
- expulsion du système si les sanctions n'ont pas d'effet.

Face à des Slowers Actifs, il est nécessaire d'agir vite. Chercher la paix sociale en glissant la poussière sous le tapis équivaut à foncer dans un mur en klaxonnant.

LA RELATION HIÉRARCHIQUE EFFICIENTE

Dans une équipe pétrie de facteurs humains et de liens sociaux entre ses membres, la relation interpersonnelle est le liant qui constitue le système. La relation entre le leader et ses équipiers n'échappe pas à cette règle : la qualité et la sincérité du lien qu'il tisse avec ses collaborateurs vont impacter la qualité de la confiance qu'il va construire avec eux.

LES QUATRE ÉTATS RELATIONNELS

Il existe quatre états relationnels majeurs, qui caractérisent le lien qui se crée entre un leader et les membres de son organisation. Elles ne représentent pas toutes le même engagement émotionnel, et leur influence sur la confiance hiérarchique est majeure.

- l'apathie : quand il est apathique (*a-pathos*, sans émotion), le leader ne manifeste aucune émotion. Il se montre insensible et délivre des informations de manière froide et rationnelle, sans se soucier de l'effet qu'il va produire : il se contente d'informer, sans chaleur particulière et sans percevoir les émotions de son entourage. Suivre un leader apathique n'est guère motivant pour ses ouailles, et ses prises de parole se caractérisent souvent par une prosodie plate et dénuée de rythme ;
- l'antipathie : en se montrant antipathique (*anti-pathos,* rejeter l'émotion de l'autre), le leader perçoit les émotions, mais ne les accepte pas. Mieux, il les rejette afin qu'elles ne viennent pas nuire à sa position. Un homme politique qui s'adresse à une foule en colère sans leur montrer qu'il a perçu son émotion n'est pas près de les ramener au calme ;
- l'empathie : s'il se montre empathique (*em-pathos*, souffrir dans l'autre), le leader perçoit l'émotion, et montre à son interlocuteur qu'il en accuse réception, généralement en la verbalisant. Quand l'émotion véritable est prise en compte dans la relation, celle-ci devient tout naturelle-

ment authentique et s'avère propice au renforcement de la confiance ;

- la sympathie : s'il devient sympathique (*sym-pathos*, souffrir comme l'autre), le leader éprouve également l'émotion de son interlocuteur et risque de perdre son objectivité.

LES 4 ÉTATS RELATIONNELS

	PERCEPTION	ACCEPTATION	RECONNAISSANCE	PARTAGE
APATHIE	NON	NON	NON	NON
ANTIPATHIE	OUI	NON	NON	NON
EMPATHIE	OUI	OUI	OUI	NON
SYMPATHIE	OUI	OUI	OUI	OUI

L'EMPATHIE DU CHEF

Pour bâtir une confiance durable, le leader hiérarchique doit savoir se montrer empathique en toutes circonstances. C'est à première vue simple et évident, mais pas toujours très aisé à mettre en œuvre, notamment quand les tensions se montrent fortes et que les émotions personnelles du leader prennent le pas.

S'il cherche à masquer ses émotions, le leader pourra être perçu comme apathique dans une situation où les émotions de ses équipes sont bien réelles. Une telle désynchronisation sera au mieux perçue comme une faible appétence à l'autre ou une forme d'insensibilité, au pire comme du cynisme ou de l'arrogance. Lors d'une conférence de presse faite à la suite du suicide d'un collaborateur, le dirigeant d'une entreprise européenne s'est montré à ce point apathique que le tollé a été général. La confiance ayant été sérieusement ébranlée, il a dû quitter l'entreprise au bout de quelques semaines.

Certains leaders se montrent antipathiques en pensant que cela permettra à leurs collaborateurs de mieux gérer leurs émotions : « Calmez-vous, inutile d'être inquiets de la situation, tout va bien. » Une telle assertion nie le fait que les équipes peuvent être inquiètes et dévalorise ceux qui expriment une telle émotion. Une attitude défavorable au maintien durable de la confiance. À la suite des attentats terroristes de 2015 qui ont profondément touché la France, un homme politique avait déclaré : « Ne cédez pas à la peur. » Par une telle déclaration, non seulement il nie l'émotion naturelle qui peut envahir tous les Français, mais également il stigmatise ceux qui peuvent la ressentir. Si les gens ont peur, c'est normal. Les émotions sont biologiques et certaines sont des mécanismes de défense. Pour que les gens n'aient plus peur, il faut s'attaquer à la racine de leur peur (le terrorisme) et non à leurs émotions.

S'il est sympathique, il va certes susciter l'adhésion de ses troupes en exprimant la même émotion que la leur, mais il court le risque, en perdant son objectivité, de perdre également sa capacité d'équité ou sa vision stratégique. On n'attend pas d'un leader qu'il succombe aux mêmes émotions que ses troupes : il peut les éprouver, mais il doit les maîtriser. Pour asseoir la confiance hiérarchique qu'il porte, le leader doit savoir reconnaître, gérer et contrôler ses émotions en toute circonstance. Quand il y parvient, il peut se montrer empathique sans être sympathique. Lors d'une opération de sauvetage en zone de combat, toute une équipe de forces spéciales est mobilisée pour organiser l'exfiltration d'un couple réfugié sur le toit d'un hôtel dans une ville en proie à une rébellion violente. Lors de son dernier briefing, et après avoir rappelé les rôles opérationnels de chacun, le chef d'équipe a tenu le discours suivant : « Nous sommes là pour ramener cette femme et cet homme chez eux. Nous sommes en zone de combat, et nous avons tous la peur au ventre. Vous. Moi. Tout le monde. Si nous n'avions pas peur, nous serions dangereux. Mais faisons de notre peur une énergie. Nous sommes des professionnels en opération de sauvetage, nous savons ce que nous avons à faire. Alors, tous en piste ! » En reconnaissant l'émotion qui étreint les équipiers, en ne niant pas sa présence, mais en la valorisant comme une source de motivation, le chef d'équipe à fait preuve de l'empathie nécessaire sans tomber dans une sympathie contre-productive.

Libye – 1941. Rallié au général de Gaulle, le capitaine Philippe Leclerc arrive en décembre 1940 au Tchad en tant que commandant militaire. Cette colonie enclavée de l'Afrique-Équatoriale française est la première à se rallier à la France libre par l'intermédiaire de Félix Éboué, son gouverneur.
Leclerc décide de s'emparer de l'oasis de Koufra, situé à 1 700 kilomètres plus au nord, en Libye. Entouré d'une centaine de soldats européens et 250 méharistes et tirailleurs sénégalais, l'officier français joue d'audace pour imposer une pression constante aux défenseurs italiens du fort de Koufra. Appuyé par les Britanniques du Long Range Desert Group, Leclerc, autoproclamé colonel, va faire preuve d'une créativité et d'un courage qui vont faire sa légende. Il obtiendra le 1er mars la reddition de la compagnie motorisée italienne Sahariana di Cufra.
Le 2 mars 1941, le colonel Philippe Leclerc prête avec ses hommes le « serment de Koufra » : « Jurez de ne déposer les armes que lorsque nos couleurs, nos belles couleurs, flotteront sur la cathédrale de Strasbourg. » Les hommes de la colonne Leclerc, devenue ensuite la 2e division blindée, tiendront ce serment en libérant Strasbourg le 23 novembre 1944.

Ce qui caractérise le leadership du maréchal Leclerc, et qui ressort de tous les témoignages des hommes de la 2e D.B., c'est le profond respect qu'il inspirait et la confiance extraordinaire qu'avaient en lui et en sa vision ses troupes. En fixant la cathédrale de Strasbourg comme l'objectif, il a permis à ses hommes de matérialiser sa vision. Audace, courage, détermination, proximité avec ses hommes, autant de facteurs clés quand on souhaite développer une confiance hiérarchique forte.

L'EXCÈS DE CONFIANCE HIÉRARCHIQUE

Un leadership trop engageant, ou du moins perçu comme tel, pourrait avoir des effets contre-productifs pour certains équipiers. L'excès de confiance hiérarchique peut s'avérer dévastateur.

LA SOUMISSION À L'AUTORITÉ

L'expérience de Milgram est une expérience de psychologie réalisée entre 1960 et 1963 aux États-Unis. Le psychologue américain Stanley Milgram cherchait à évaluer le degré d'obéissance d'un individu devant une autorité qu'il juge légitime et à comprendre ce processus de soumission à l'autorité, notamment quand elle implique que le sujet de l'étude réalise des actions qui lui posent un problème de conscience. Des cobayes devaient poser des questions à des sujets complices de l'expérience après l'apprentissage d'une liste de mots. En cas d'erreur, le cobaye devait infliger une décharge électrique au complice qui allait crescendo. La douleur était bien sûr simulée par le complice, mais le cobaye avait l'impression d'infliger des blessures réelles, qui pouvaient être graves. Quand les cobayes demandaient à arrêter l'expérience, ils recevaient l'instruction d'un représentant de l'autorité de continuer. Une majorité de cobayes est allée jusqu'au bout de l'expérience, malgré les cris de douleur (simulés) des complices. Les représentants de l'autorité, dans l'expérience de Milgram, portaient une blouse blanche, se montraient très assertifs, et indiquaient aux cobayes qu'ils endossaient l'entière responsabilité des conséquences de l'expérience. Dès lors, les cobayes s'exécutaient. À être trop impliqué dans un système au sein duquel la hiérarchie ne peut faire l'objet d'aucune remise en cause, on applique les décisions sans discernement et en dehors de tout esprit critique constructif.

LA JOUTE

Quand la confiance hiérarchique est exacerbée, certains équipiers peuvent basculer dans la logique de joute, c'est-à-dire pousser le leader dans ses retranchements en challengeant systématiquement toutes ses prises de position. Le jouteur n'est pas forcément en opposition avec son chef, mais par défi personnel, il se fait une obligation de remettre en cause la vision et le sens. Cette attitude, qui finit par ne plus être constructive, peut éroder l'engagement des Followers et le jouteur pourrait les amener à douter de la vision de leur leader.

Le jouteur agit généralement pour se mettre en avant, par jeu, et plus le leader est assertif dans sa position, plus le challenge du jouteur est valorisant pour son ego. Il n'est cependant pas difficile de lui poser des limites, en lui montrant par exemple que son attitude n'est pas toujours productive et qu'elle pourrait à terme venir nuire à la réalisation de la mission.

LA DÉFIANCE PERMANENTE

Face à un chef qui exerce un leadership puissant, et qui exprime une vision tranchée, des réactions d'opposition peuvent émerger, plus liées à une volonté de confrontation qu'à une réelle opposition constructive. C'est notamment le fait de personnes dites « extrémistes[4] », qui soutiennent un dogme opposé au leader et qui, quelle que soit la pertinence de sa vision stratégique, vont battre en brèche chacune de ces prises de position. Comme tout dogmatique, l'extrémiste va réinventer la réalité pour qu'elle colle avec sa vision à lui, et ce, même si les faits lui donnent tort. Il est difficile à faire changer, car il n'en a pas du tout envie, et son ego n'existe généralement que parce qu'il se confronte systématiquement aux autres. Les extrémistes sont à classer dans la catégorie des Slowers Actifs, qui détruisent le système de l'intérieur. Un leadership fort qui engendre une confiance hiérarchique importante peut être, par effet de balancier, à l'origine de l'émergence d'une défiance permanente de la part de certains membres de l'organisation.

4. Marwan Mery et Laurent Combalbert, *Neutraliser les profils complexes*, Eyrolles, 2015

CHAPITRE 5

LA CONFIANCE DANS LA MISSION

Croire en ce que l'on fait confère une force redoutable : tous ceux qui font de leur vocation un métier le savent. Avoir confiance dans la mission confiée est une énergie que l'on ressent presque physiquement, et qui irradie jusqu'à notre entourage. Se sentir impliqué, acteur, motivé par la tâche à accomplir : à l'évidence, un des leviers de l'excellence.

Afrique de l'Ouest – 2011. À bord du FPSO[1], la colère gronde. Cet immense navire, ancré à plusieurs dizaines de milles nautiques de la côte africaine, est utilisé par un géant de l'industrie pétrolière pour le traitement et le stockage en mer. Il reçoit les hydrocarbures produits à partir de plateformes et des installations sous-marines, et les stocke en attendant leur déchargement dans des tankers. Pour s'occuper des opérations de chargement et de déchargement, il est d'usage de confier les postes aux communautés qui

1. FPSO, « Floating Production Storage and Offloading » : barge pétrolière offshore.

se situent on shore, sur la côte en face de l'endroit où agit le navire. Il se trouve que deux communautés se situent à la perpendiculaire du FPSO et se partagent les postes pour moitié. L'usage veut également que ce soit des *paymasters*[2] locaux qui gèrent le règlement des salaires hebdomadaires, en prenant un pourcentage au passage. Mais le *paymaster* du FPSO ponctionne un pourcentage supérieur sur les salaires d'une communauté par rapport aux salaires de l'autre. Cette inégalité finit par se savoir, et la communauté lésée se met en grève en bloquant les chargements et les déchargements.

Les coûts d'arrêt de fonctionnement d'un tel navire sont énormes, et l'assureur du bateau sollicite une équipe de négociateurs professionnels. Ceux-ci, situés en Europe, briefent par téléphone les managers du FPSO pour mener la négociation avec la communauté en grève, sans pour autant donner plus que la normale au risque de voir la seconde communauté demander à être également revalorisée. Après 24 heures de négociation, la situation est pire encore qu'au déclenchement de la grève. Un négociateur professionnel rejoint le navire le lendemain, et mène lui-même les échanges avec les communautés : en six heures, les grévistes décident de reprendre le travail après avoir demandé le départ de l'ancien *paymaster* et en acceptant simplement le rééquilibrage du pourcentage du paymaster à venir.

Lors du débriefing avec les managers du FPSO, ceux-ci regardent le négociateur avec des yeux ébahis : « Comment avez-vous réussi, en à peine quelques heures ? C'est dingue, nous étions sûrs que c'était impossible, nous nous étions préparés à ce que cela dure au moins la semaine ! » Le négociateur leur répond : « Je ne fais que mettre en pratique ce que je vous ai conseillé au téléphone. Vous n'avez même pas essayé ? » Les managers échangent un regard, avant de dire, dépités : « Si, mais sans conviction. » Savoir que l'on va réussir, c'est déjà réussir. À condition de croire à ce que l'on fait. Dans le cadre du conflit sur ce bateau au large de l'Afrique, les managers avaient

2. Responsables des payes.

les bons outils et les bons conseils pour résoudre une négociation qui n'a au final duré que quelques heures. Mais ils ne croyaient pas en la négociation, ils n'étaient pas convaincus de leur mission : ils avaient peu de chance de réussir.

LA CONFIANCE DANS LA MISSION POUR UNIR LES FORCES

EXPRIMEZ LA MISSION

« Il n'y a pas de vent favorable pour celui qui ne sait pas où il va », disait Sénèque. Sans objectif clairement exprimé, vous n'êtes pas près d'arriver. C'est tellement évident que beaucoup d'organisation n'ont jamais exprimé la mission commune de manière claire, simple et réaliste. L'objectif commun est le destin partagé du groupe, le point sur lequel se fixent les ambitions de chaque partie prenante pour construire un avenir commun. Dans une réunion regroupant des cadres administratifs d'un établissement de santé, à la question : « Quelle est votre mission ? », chaque responsable de service a décrit précisément la mission de sa propre équipe, mais aucun n'a évoqué la mission globale, l'objectif stratégique de l'établissement : soigner les patients.

LA MISSION, RAISON D'ÊTRE DE L'ORGANISATION

La mission est la principale raison d'être d'une équipe : sans mission, aucune équipe ne peut perdurer. Tout le monde se rappelle le désastre de l'équipe de France de football lors de la Coupe du Monde de 2010 en Afrique du Sud. Si on prend les joueurs français individuellement, ce sont les meilleurs joueurs que l'on peut avoir dans l'équipe. Quand ils sont réunis en Afrique du Sud, ils n'ont jamais accepté la mission, qui était de gagner la Coupe du Monde : ils ne sont même pas descendus du bus ! On peut s'interroger sur ce manque d'appropriation de l'objectif commun : peut-être leur a-t-il été mal expliqué ? Peut-être n'a-t-il jamais été clairement verbalisé ? La mission a peut-être été exprimée par le coach, mais les joueurs ne se sont jamais sentis investis. La haine que certains éprouvent visiblement envers le coach leur fait oublier leur mission. Chacun à sa version de l'histoire, mais quoi qu'il en soit, c'est un des échecs les plus cuisants du football français. Pourtant, douze ans plus tôt, l'équipe de France, loin d'être favorite, mais engagée pleinement dans sa mission, est devenue championne du monde.

Vos collaborateurs seraient-ils capables de citer spontanément leur mission collective ?

Le principe de verbalisation de la mission ne va pas de soi : combien de fois avons-nous demandé à une assemblée de participants à l'un de nos séminaires « Quelle est votre mission ? », pour n'entendre que le silence et voir les regards se croiser sur l'air de « Oui, au fait, c'est quoi, notre mission ? ». Plus les organisations sont grandes, plus la mission est diluée. Il y a fort à parier qu'entre un groupe du CAC 40 et une start-up, la perception de la mission collective est bien différente. Et vous, quelle est votre mission ? Vos collaborateurs seraient-ils capables de répondre spontanément à une telle question ?

LA MISSION, UN OBJECTIF DIFFICILE À ATTEINDRE

Pour gagner beaucoup, il faut viser grand : pour maximiser la performance, il faut se fixer une mission difficile à atteindre. On peut penser que cette affirmation est paradoxale : si, en plus de se jouer dans un environnement d'incertitude, la mission est particulièrement difficile, on multiplie les contraintes sur l'équipe et on impose une pression contre-productive. Pourtant, d'expérience, on constate que les équipes qui doivent affronter des enjeux forts en environnement complexe sont plus motivées et plus efficientes que les autres.

On constate que les équipes qui doivent affronter des enjeux forts en environnement complexe sont plus motivées et plus efficientes que les autres.

Quand une organisation se fixe un objectif que l'ensemble de ses membres estiment facile à atteindre, elle va susciter plusieurs effets contre-productifs :

- puisque l'objectif est facile *a priori*, il est inutile d'apprendre de nouvelles compétences ou d'inventer de nouvelles méthodes pour l'atteindre. Ce n'est pas quand tout va bien que la créativité est exacerbée, c'est justement quand les difficultés se présentent qu'il faut faire preuve d'inventivité. Quand on doit atteindre un objectif facile, chacun reste campé sur son savoir-faire, sans le développer ;
- comme chaque équipier sait que l'objectif est facile à atteindre, il n'y a pas beaucoup de gloire à y parvenir. Dès lors, il y a peu de motivation, dans la compétition interne, à atteindre un objectif aisé à atteindre ;
- quant à la motivation personnelle, elle s'érode face à un objectif facile : notre ego n'est pas challengé quand notre organisation nous demande de faire quelque chose de facile, et celui qui hérite de la tâche va douter de la confiance que son chef place en lui. Lors d'une réunion préparatoire de mission au sein d'un groupe d'intervention, plusieurs chefs d'équipe se voient confier des missions de précurseurs pour préparer l'arrivée de l'unité. L'un d'entre eux sort dépité de la réunion : « Le patron m'a donné le truc le plus facile à faire, comme si je n'étais pas capable de faire ce qu'il a demandé aux autres. »

Pour susciter la motivation et l'engagement, il faut donner envie aux équipes de faire des choses extraordinaires[3]. Attention cependant à engager la mission sans pour autant susciter l'inquiétude : si l'enjeu est très fort, mais qu'il est perçu comme impossible à atteindre, on va impacter la sécurité intérieure des collaborateurs, en leur laissant penser qu'ils pourraient ne pas savoir faire. L'intérêt à agir devient alors inférieur aux risques encourus. Les équipes vont se démotiver et commencer à justifier un échec potentiel avant même d'avoir essayé de réussir.

FAITES ADHÉRER À LA MISSION

Si comme nous l'avons évoqué dans le chapitre précédent, la vision doit être réaliste, elle doit aussi donner envie aux équipiers de se l'approprier. L'appropriation passe par la perception que la mission peut devenir une vocation à laquelle on se voue, sur une durée plus ou moins longue : la confiance s'installe quand chacun perçoit que son sens personnel est aligné avec le sens collectif de l'organisation, quand ce sens est compris et que chaque équipier peut y trouver sa place.

S'ADRESSER À LA VALEUR ÉMOTIONNELLE DE LA MISSION

Dans de multiples méthodes d'organisation du travail, on découpe l'objectif global en de multiples sous-objectifs, confiés à des entités différentes, au risque de perdre le sens général. Pour donner envie, il faut expliquer la mission en

3. *Cf. infra.*

s'adressant aux émotions, en touchant l'intime, et non simplement en ne pensant qu'au rationnel. Pourquoi certains chefs charismatiques suscitent une adhésion systématique aux missions qu'ils expriment ? Le sens de la mission est parfaitement exprimé par Antoine de Saint-Exupéry : « Si tu veux construire un bateau, ne rassemble pas tes hommes et femmes pour leur expliquer chaque détail, pour leur dire où trouver chaque chose. Si tu veux construire un bateau, fais naître dans le cœur des membres de l'équipe le désir de la mer. »

Parmi les métiers que l'on peut classer à risque élevé, celui de soldat arrive sur le podium : un métier dangereux, difficile, le plus souvent exercé à des milliers de kilomètres dans le cadre d'opérations extérieures, et dans lequel la mort est une hypothèse de travail omniprésente. Si vous décrivez à un jeune le métier de soldat en mettant en avant la fatigue, l'éloignement, le risque de mort, la discipline omniprésente, un salaire qui n'a rien de mirobolant, vous avez peu de chance de susciter une vocation durable. Mais si vous expliquez qu'un soldat protège son pays, ses proches, travaille au maintien de la paix et neutralise les menaces contre ses compatriotes, vous suscitez les vocations et la fierté de remplir la mission. La plupart des campagnes télévisées pour le recrutement des jeunes soldats jouent sur le facteur émotionnel de la mission, pour agir sur la fibre patriotique des candidats potentiels en donnant un sens particulier à la finalité de l'action des militaires. Nous pourrions en arriver aux mêmes conclusions en interrogeant des infirmières ou des enseignants : pourquoi ont-ils la vocation malgré les difficultés croissantes de leurs métiers ? Et vous, comment vous adressez-vous aux émotions de vos collaborateurs quand vous leur décrivez la mission ?

RENDRE ACTEUR DE LA MISSION

Adhérer à la mission, c'est trouver sa juste place. À l'heure où l'*empowerment* s'invite dans toutes les équipes, rendre chacun acteur de l'objectif collectif n'est pas aussi facile qu'un simple mot projeté sur une slide, car chacun a sa propre motivation et son propre intérêt personnel : le nier serait illusoire et contre-productif. Tous les collaborateurs doivent se sentir acteurs pour être réellement impliqués, et on ne peut être acteur que si l'on satisfait un intérêt personnel.

Tous les collaborateurs doivent se sentir acteurs pour être réellement impliqués.

Lors du débriefing d'une équipe de Forces spéciales de retour de mission, la question de la motivation est abordée. Chacun a pu exprimer l'idée partagée que la mission avait pour objectif de neutraliser des groupes terroristes. Mais après plusieurs heures d'échanges, la confiance s'installant entre l'équipe et les débriefeurs, chacun a exprimé son véritable intérêt personnel. L'un des sous-officiers avait intégré les Forces spéciales pour l'adrénaline du travail, et le fait de côtoyer les risques au quotidien. Un militaire du rang avouait son choix d'une unité de combat pour le côté prestigieux de son régiment, et l'impact de son appartenance sur le regard de son entourage. Un autre sous-officier avait choisi cette équipe pour les primes de mission, qui lui permettait de gagner plus que la plupart de ses camarades de promotion dans d'autres unités. Trois motivations différentes, trois enjeux personnels éloignés les uns des autres : pourtant, ces trois soldats étaient d'excellents combattants, remplissant parfaitement la mission confiée. Peu importe la motivation personnelle tant qu'elle s'aligne avec l'objectif collectif et qu'elle n'impacte pas les valeurs de l'organisation.

DISTINGUEZ LA STRATÉGIE ET LA TACTIQUE

L'action d'une organisation ne se résume pas à sa simple mise en mouvement : elle relève d'un élan, d'une direction donnée, et des moyens de réaliser l'action de tous pour aller dans cette direction. La stratégie et la tactique concourent à ce mouvement collectif, mais avec des visions qui ne se situent pas au même niveau. Confondre stratégie et tactique ou mélanger ces deux niveaux sans discernement nuit fortement à la confiance dans la mission, en troublant la perception des collaborateurs.

STRATÉGIE ET TACTIQUE

Le terme stratégie est dérivé du grec *stratos* qui signifie « armée » et *ageîn* qui signifie « conduire ». Au sens originel du terme, la stratégie consiste en l'art de conduire les armées à la guerre. Son extrapolation au monde des organisations en général et à celui de l'entreprise en particulier reste récente, la stratégie organisant les combinaisons d'actions planifiées, sur un temps long, et en répondant à un processus organisé. La stratégie relève de la hiérarchie, et donne de la consistance à la confiance hiérarchique. L'élaboration de la stratégie se révèle souvent risquée, car une mauvaise analyse ou une direction erronée engage l'organisation

La stratégie organise les combinaisons d'actions planifiées, la tactique se rapporte à l'utilisation de combinaisons élémentaires semi-planifiées.

sur une voie préjudiciable. D'autant plus qu'une stratégie souffre généralement d'une forte inertie, changer de stratégie demande du temps et de l'énergie.

Notons qu'il existe aussi ce que l'on appelle une « méta stratégie », qui consiste à s'interroger sur ce qui se passera après la mise en œuvre de la stratégie. L'anticipation métastratégique est l'apanage des visionnaires. Un exemple historique s'est déroulé lors de la signature des accords de Yalta en juillet 1945. Winston Churchill, Premier ministre britannique, sait qu'il va perdre les élections et qu'il risque d'être remplacé par un nouveau Premier ministre. À l'heure de se rendre à Yalta pour mener une première phase de négociation, il décide d'amener avec lui Clement Attlee, son potentiel successeur, qui mènera certainement la seconde phase de discussion. C'est exactement ce qui va se produire : au-delà de la stratégie de signature des accords, Churchill a anticipé ce qui se passera après. Cela relève d'une vision métastratégique courageuse et d'un sens marqué de la responsabilité.

La tactique est une vision tout aussi importante que la stratégie, elle consiste en la mise en œuvre de la stratégie sur le terrain. Elle utilise des combinaisons élémentaires semi-planifiées, sur des temps courts, en enchaînant des techniques. Si la stratégie relève de la hiérarchie, la tactique relève des unités opérationnelles de l'entreprise.

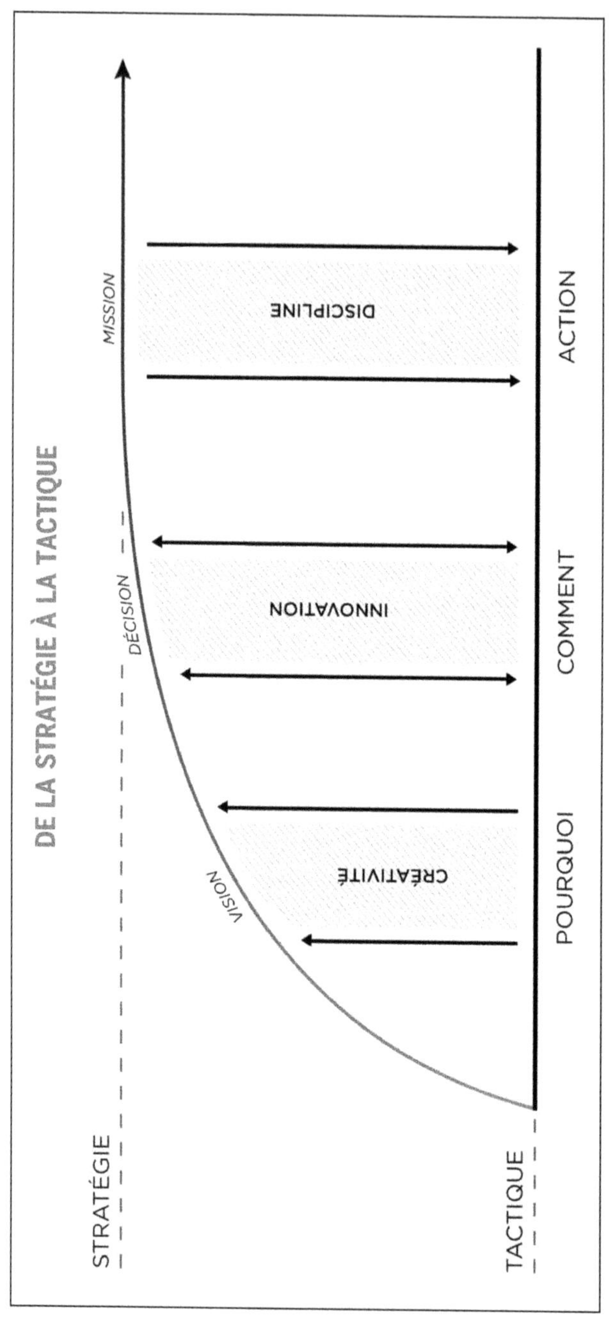
DE LA STRATÉGIE À LA TACTIQUE
STRATÉGIE
TACTIQUE
VISION
DÉCISION
MISSION
CRÉATIVITÉ
INNOVATION
DISCIPLINE
POURQUOI
COMMENT
ACTION

LE DANGER DU MÉLANGE DES GENRES

La stratégie et la tactique se coordonnent, mais ne se mélangent pas, au risque de faire perdre le sens de la mission et la confiance des équipiers. Cette affirmation prend tout son sens quand on observe une équipe au sein de laquelle le ou les leaders passent leur temps en micro-management, le nez dans le cœur du système au lieu de garder les yeux dirigés vers l'objectif. On ne peut pas avoir, dans le même temps, une vision stratégique et une vision tactique. Certains managers expérimentés et aguerris arrivent à passer d'une vision à l'autre régulièrement, mais cela demande une énergie et une discipline personnelle telles que rares sont ceux qui parviennent à ce tour de force.

Si un leader se place en vision tactique, il perd le sens et crée une distorsion entre la mission perçue par les équipes et le sens vers lequel il avance : dans le doute, les équipes remettront en cause la mission et pourront imaginer que le leader privilégie son enjeu personnel au détriment de l'objectif collectif.

Si, au contraire, ce sont les équipes qui font de la stratégie, la confrontation des multiples visions tactiques risque d'entraîner des dissensions et démotiver ceux qui ne croiront plus à la réalité d'un objectif commun.

Pour que la confiance dans la mission perdure, chacun doit rester à sa place : la stratégie au leader, la tactique aux équipes. Chacun peut ensuite challenger l'autre sur son niveau, mais doit retourner à sa vision à l'issue.

- au bout de trois semaines de conflit enlisé entre la direction et les syndicats au sein d'une unité de production, le directeur général décide de prendre les choses en main. Il demande à son DRH de se retirer de la négociation pour qu'il puisse entrer lui-même en négociation. Au bout de trois jours de négociation, tout le monde reprend le travail et le directeur général est soulagé. Le seul souci, c'est qu'il a accordé 2,5 % de revalorisation salariale quand le *board* du groupe avait exigé de ne pas dépasser 1,6 %. La nouvelle se propageant à vitesse grand V, les autres unités de production, implantées dans d'autres régions, décident de se mettre en grève pour réclamer un alignement des revalorisations, soit 2,5 %. Devant l'ampleur de la situation, le directeur général réalise son erreur. En épousant un rôle tactique (être exposé au contact), il perd de vue l'objectif stratégique (ne pas dépasser 1,6 %) et cède malheureusement sur des éléments non négociables. Le directeur général sera démis de ses fonctions.

VALORISEZ LE QUOTIENT D'INSÉCURITÉ COLLECTIF

Le quotient d'insécurité individuel[4] est une multiplication de notre capacité à accepter l'incertitude avec notre niveau de sécurité intérieure. Les équipes de négociateurs professionnels, les unités de sauvetage ou les groupes d'intervention font partie des équipes qui possèdent des QI® collectifs très élevés. Pour être constant ou se développer, le QI® collectif doit être entretenu par le débriefing, l'entraînement, et capable de faire face à des freins internes qu'il faudra lever.

LES FREINS AU QI® COLLECTIF

Lister tous les freins que mettent en œuvre les organisations, consciemment ou non, pour diminuer le quotient d'insécurité de leurs équipes prendrait un temps considérable. Mais nous pouvons constater que certains sont quasiment permanents dans certaines entreprises.

4. Cf. chapitre 2 « La confiance en soi ».

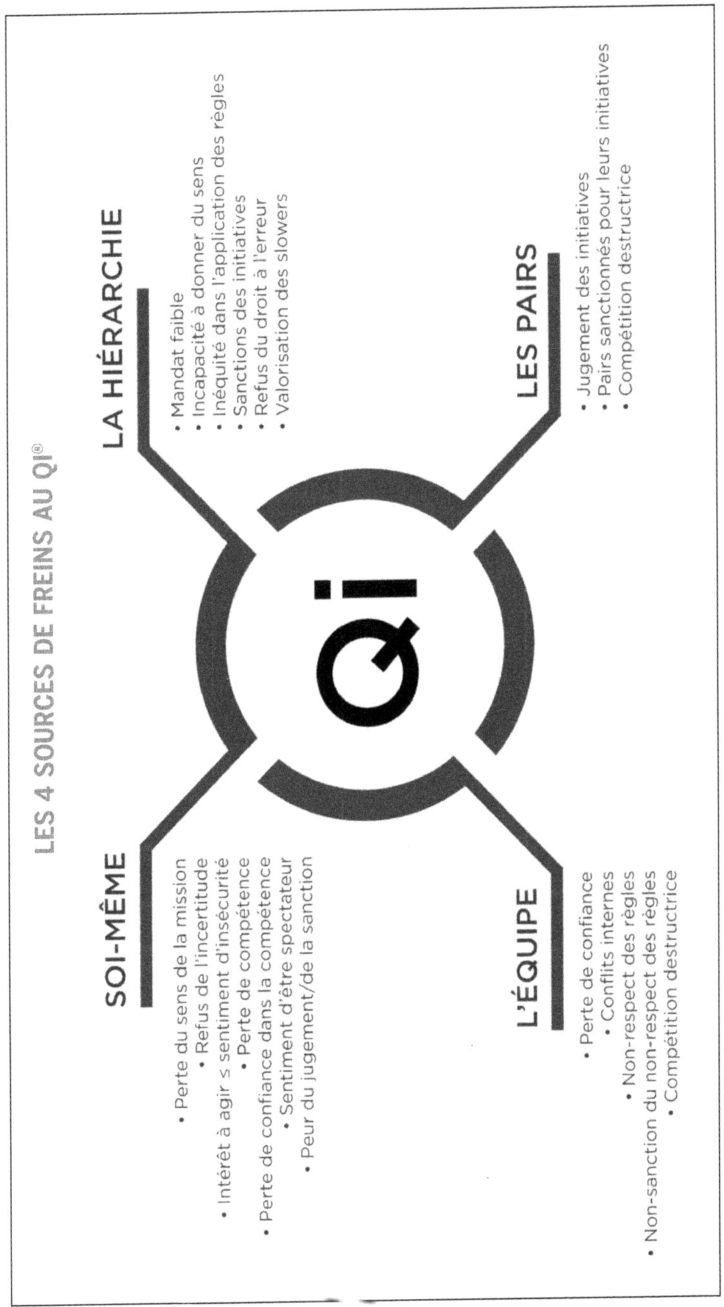
LES 4 SOURCES DE FREINS AU QI®
SOI-MÊME
• Perte du sens de la mission
• Refus de l'incertitude
• Intérêt à agir ≤ sentiment d'insécurité
• Perte de compétence
• Perte de confiance dans la compétence
• Sentiment d'être spectateur
• Peur du jugement/de la sanction
LA HIÉRARCHIE
• Mandat faible
• Incapacité à donner du sens
• Inéquité dans l'application des règles
• Sanctions des initiatives
• Refus du droit à l'erreur
• Valorisation des slowers
Qi
L'ÉQUIPE
• Perte de confiance
• Conflits internes
• Non-respect des règles
• Non-sanction du non-respect des règles
• Compétition destructrice
LES PAIRS
• Jugement des initiatives
• Pairs sanctionnés pour leurs initiatives
• Compétition destructrice

Sans les lister tous, voici les principales entraves au quotient d'insécurité collectif :

- la perte du sens de la mission : sans savoir pourquoi on avance, on hésite beaucoup plus facilement. Lors de la guerre du Vietnam, les premiers soldats engagés étaient beaucoup plus efficaces, car ils avaient intégré le sens de cet engagement des forces. Au contraire, les derniers soldats ne comprenaient plus pourquoi on les envoyait au combat et refusaient de se battre. En cas de perte de sens, l'intérêt à agir devient inférieur au sentiment d'insécurité ;

- la négation de l'incertitude : pour se rassurer, l'organisation nie l'existence des risques et de l'incertitude qui leur est associée. Le QI® collectif est alors faux, surévalué. Les services de renseignement américains, avant le 11 septembre 2001, ont nié les signaux faibles annonciateurs au motif qu'une attaque terroriste sur le sol des États-Unis n'était pas envisageable, car depuis Pearl Harbor, aucune attaque n'avait eu lieu sur le sol américain. La société Polaroïd, qui l'a pourtant inventée, est morte de n'avoir pas vu le danger de l'émergence de la photo numérique ;

- la sanction des initiatives : quand une initiative prise par un collaborateur ou une équipe n'aboutit pas à un succès, elle est systématiquement jugée ou sanctionnée. Cela tue la capacité d'initiative et freine le fonctionnement collectif. Certaines organisations ont oublié que l'échec est une voie d'apprentissage particulièrement riche ;

- la compétition destructrice : la compétition est un facteur de performance si elle s'arrête quand elle impacte la mission. Certaines entreprises rémunèrent leurs collaborateurs uniquement selon leur résultat individuel, au détriment d'une part de la rémunération sur le résultat collectif. Dès lors, il vaut mieux écraser les autres pour maximiser son profit individuel plutôt que d'encourager la collaboration. Les QI® individuels sont élevés, mais le QI® collectif est quasi nul. La rémunération mixe résultat individuel/résultat du groupe permet de réduire ce frein ;

- la valorisation des Slowers Actifs : pour acheter la paix sociale, des organisations exonèrent les personnes qui freinent le système de toute sanction, et vont même jusqu'à les valoriser pour éviter qu'elles ne sabotent le système. Ceux qui ont envie d'avancer ne voient plus d'intérêt à le faire, alors que les toxiques sont autant voire plus récompensés qu'eux. Dans un service administratif, un cadre se voit inscrit sur la liste d'avancement parmi les derniers, alors qu'il est un des plus impliqués et des plus engagés dans sa mission. Au-dessus de lui sur la liste se trouvent deux autres cadres connus pour être des toxiques, jamais contents, et toujours réticents à prendre le moindre risque, au détriment de la mission. Furieux, il va voir son chef de service, qui lui répond cette phrase terrible : « Je sais que vous êtes plus performant que ces deux-là, mais avec eux, je n'ai aucun risque de les voir se tromper. » Et pour cause, ils ne prennent jamais aucune initiative. Ahurissant…

DÉVELOPPER LE CERCLE DE CONFIANCE DE MISSION

Face aux freins des organisations, pour renforcer l'efficience de l'équipe, il faut développer le cercle de confiance spécifique à la mission : avant, pendant et après.

Avant la mission, la qualité de l'analyse et du briefing vont faire la différence :

- lister les facteurs de complexité : en demandant aux équipiers de faire la liste de ce que sont, pour eux, les principaux facteurs de complexité, on verbalise et on partage les difficultés potentielles. On lève également les doutes et les interprétations.

- trier ce qui est sous contrôle et ce qui ne l'est pas : parmi ces facteurs de complexité, on peut identifier ce qui est sous notre contrôle et ce qui ne l'est pas, et on part ensuite du principe que l'on ne se met pas la pression pour ce qui relève des éléments sur lesquels on n'a pas le contrôle ;
- briefer efficacement : pour développer la confiance, un exposé clair et pragmatique de la mission est nécessaire. Le leader ou le chef d'équipe exprime à tous ce qu'il attend exactement d'eux, en les rendant acteurs de la mission ;
- back briefer systématiquement : chaque collaborateur explique alors ce qu'il a compris de ce que l'on attend de lui, et de la façon dont il va le faire. Cette reformulation permet de s'assurer de la bonne compréhension mutuelle de l'objectif. Dans les entreprises, qui sait aujourd'hui ce qu'est le backbriefing ?

Pendant la mission, le suivi des actions menées maintient la confiance :

- débriefer à chaud : chaque étape importante est analysée par ceux qui l'ont réalisée, avec la vision globale du leader. Ce débriefing permet de renforcer les comportements positifs ou de corriger les erreurs potentielles ;
- maintenez de la loyauté : en rappelant la ligne stratégique et les règles de l'équipe, on garantit un engagement constant des collaborateurs, même quand des difficultés se font jour.

Une équipe technique se voit confier la mission de réaliser un système de traitement de données particulièrement complexe. Au bout de plusieurs mois, le leader stratégique vient voir où en est son projet, et le résultat l'affole : rien n'est prêt, le système est en retard, certains collaborateurs sont en conflit… Il fait alors appel à un consultant externe en travail d'équipe, qui identifie immédiatement le problème : après que la mission a été lancée, le leader n'est plus jamais venu faire des points d'étape avec son équipe, invoquant la confiance qu'il avait en eux et sa volonté de ne pas les mettre sous pression. Mais sans suivi des actions avec une vision globale, chaque entité du projet est partie dans son coin, sans coordination, sans recadrage, et tout le monde a doucement dérivé de l'objectif commun, ruinant la confiance instaurée au lancement de la mission.

Après la mission[5], le débriefing immédiat et le débriefing à froid permettent de renforcer la confiance pour les opérations futures. Ces points seront abordés plus loin dans l'ouvrage.

CHOISISSEZ L'OPTIMISME FACE À L'INSÉCURITÉ

L'optimisme, cher à Socrate et à Aristote, désigne un état d'esprit particulier qui amène celui qui le met en œuvre à percevoir le monde et l'environnement de manière positive. Croire dans sa réussite, c'est déjà réussir : les optimistes ont généralement une plus grande confiance dans leur mission que les pessimistes. L'optimisme est devenu depuis quelques années un sujet de réflexion dans les entreprises,

Croire dans sa réussite, c'est déjà réussir.

5. Cf. chapitre 6 « La confiance dans l'histoire ».

et certains auteurs comme Philippe Gabilliet[6] ont fait la démonstration de ses effets positifs sur les résultats de l'organisation.

UN OPTIMISME ÉCLAIRÉ

Voir toujours le monde de manière positive ne doit pas cependant faire de nous des optimistes béats, mais plutôt des optimistes éclairés. Dans un monde dont l'incertitude est désormais identifiée et acceptée, il convient de considérer la mission de manière particulière :

- présenter la mission sous ses aspects positifs, sans pour autant nier les risques ou les points négatifs ;
- mettre l'accent sur les facteurs de réussite spécifiques : l'expérience de l'équipe pour ce type de situation, la compétence de certains équipiers, l'accès à du renseignement exceptionnel, un contexte extérieur plus favorable que d'habitude…
- rappeler les niveaux de confiance précédents : confiance en soi, confiance dans l'équipe, confiance hiérarchique, en se basant sur l'histoire de l'organisation.

Pour être efficace, l'optimisme doit être crédible et réaliste : quand les hommes politiques indiquent à chaque veille d'élection que la croissance va revenir et que les chômeurs vont trouver des emplois dès qu'ils seront élus, au-delà de la rassurance évidente, ils confondent optimisme et manipulation. Quand un leader veut donner confiance dans la mission à ses équipes en développant leur optimisme, il doit rester objectif, crédible et réaliste, c'est-à-dire courageux dans l'expression de la réalité.

6. Philippe Gabilliet, *Éloge de l'Optimisme*, Editions Saint Simon, 2010.

Quand un leader veut donner confiance dans la mission à ses équipes en développant leur optimisme, il doit rester objectif, crédible et réaliste, c'est-à-dire courageux dans l'expression de la réalité.

L'optimisme et la confiance dans la mission sont étroitement liés au temps : quand la mission dure et que l'insécurité reste constante, ou que l'objectif recherché s'avère plus difficile à atteindre que ce qui était annoncé au lancement de la mission, l'engagement et la croyance dans la réussite peuvent s'éroder. Nous avons tous en tête le roman de Dino Buzzati *Le Désert des Tartares* : un jeune officier, Giovanni Drogo, part prendre ses fonctions au fort Bastiani, une citadelle militaire presque oubliée. Au nord, le désert des Tartares sert de frontière avec un mystérieux royaume ennemi. Giovanni Drogo va passer sa vie à attendre une attaque de cet ennemi mythique, vie au cours de laquelle il va affronter sa croyance dans sa mission et s'interroger sur la façon de maintenir son engagement malgré l'attente. Quand l'attaque tant attendue se produira enfin, Giovanni Drogo, trop vieux et malade, sera évacué sans jamais avoir à combattre et donc à réaliser la mission pour laquelle il a tant attendu.

L'optimisme n'est pas toujours facile à entretenir, quand la mission dure et que son issue n'est pas certaine. Pour maintenir la croyance en la réussite dans le temps, plusieurs étapes peuvent s'enchaîner :

- réexprimer régulièrement la mission collective, pour s'assurer que le sens n'est pas perdu malgré le temps qui passe ;

- identifier des signes de progression factuels pour les marquer dans le temps et matérialiser les progrès ;
- faire débriefer par les équipes régulièrement, là encore pour donner de la substance aux avancées réalisées ;
- valoriser et reconnaître les actions des collaborateurs menées dans le sens de la mission.

QUE FAIRE DES PESSIMISTES ?

Si l'optimisme est un état d'esprit qui pousse à voir le monde de la manière positive, il existe un risque que cette vision de la réalité soit filtrée et que seules les informations qui nous permettent de voir le bon côté des choses ne soient traitées dans notre champ d'analyse. Heureusement, nous ne sommes pas tous des optimistes. Quel enfer cela serait que de n'avoir que des gens qui regardent la vie du côté positif, car les pessimistes ont un rôle important pour freiner certaines ardeurs parfois excessives.

Pessimisme vient du latin *pessimus*, superlatif de *malus* signifiant « mauvais ». Le pessimisme, à l'inverse de l'optimisme, désigne un état d'esprit dans lequel une personne perçoit négativement la vie. Certains disent que les pessimistes ne sont que des optimistes bien informés, ce qui viendrait à laisser penser que les optimistes ont une vision tronquée de la réalité.

Une erreur serait de stigmatiser les pessimistes et de les mettre à l'index : ils ont simplement une autre façon de voir les choses. Lors de la pré-

Une erreur serait de stigmatiser les pessimistes et de les mettre à l'index : ils ont simplement une autre façon de voir les choses.

paration d'un *closing* dans le cadre d'une fusion-acquisition, l'équipe de négociation d'une banque d'affaires répète sa stratégie et envisage les difficultés potentielles. En observant un des participants, le négociateur professionnel qui accompagne l'équipe s'aperçoit qu'il ronge son frein sans oser s'exprimer. Sollicité avec insistance pour donner son point de vue, celui-ci s'apprête à parler quand un des leaders coupe la dynamique : « Non, pas Paul, c'est le pessimiste de l'équipe. Si on devait l'écouter, on ne ferait jamais rien. » Les rires fusent. Sur l'insistance du négociateur professionnel, Paul va donner son avis et identifier le seul point négatif crédible que les autres équipiers n'avaient pas voulu voir, et qui va se révéler lors du dernier run de négociation. À trop vouloir n'envisager que la réussite, et en stigmatisant le seul pessimiste de l'équipe, les négociateurs de la banque d'affaires ont failli se priver d'une autre vision de la réalité. Quand les pessimistes se sentent suffisamment en confiance pour s'exprimer, c'est le signe d'une confiance installée. Et certains deviennent même optimistes par moments…

France – 1998. Un jeune officier de police, nouvellement recruté par un groupe d'intervention, cherche à développer ses compétences en négociation de crise. Il n'existe pas en France de formation en la matière. La référence dans ce métier reste la Crisis Negotiation Unit du FBI, et l'un de ses piliers, Gary Noesner, qui est une légende de ce métier. Quand il évoque son souhait d'aller se former au FBI auprès de sa hiérarchie, les réactions sont très fraîches : personne ne croit qu'il pourra accéder à cette formation, et il ne peut compter que sur son mentor, Michel M., qui l'a recruté et qui connaît Gary Noesner. Fort de sa motivation et de son optimisme, ce jeune officier va prendre contact avec Noesner, par e-mail, pour l'inviter à visiter son service si par hasard il venait à se rendre en France. Appuyée par son mentor, cette invitation va trouver un écho favorable auprès de la légende de la négociation de crise. Par chance, la fille de Noesner a prévu de visiter Paris, et son père l'accompagne. Un déjeuner va être programmé pour une visite du groupe d'intervention : à cette occasion, Gary Noesner indique au jeune officier que le seul point d'entrée pour aller faire la formation est le Legal Attache, c'est-à-dire le représentant du FBI au sein de l'ambassade américaine à Paris. Immédiatement, l'officier prend rendez-vous avec le Legal Attache, qui le reçoit sur la recommandation de Noesner. Mais cette première rencontre n'est pas prometteuse : aucun étranger ne peut plus faire la formation de négociateur, et seules quelques conférences leur sont délivrées, mais qui ne valent pas diplôme ni qualification professionnelle. Qu'à cela ne tienne, le jeune officier va prendre rendez-vous tous les quinze jours avec le Legal Attache, pour boire un café et lui rappeler sa volonté de se former au FBI. Amusé par la détermination du policier français et par son optimisme forcené, le représentant du FBI va finalement le mettre en contact avec le patron de la Crisis Negotiation Unit de l'Académie de Quantico. Après plusieurs contacts téléphoniques, l'officier français est inscrit à la promotion 2000 de la CNU et sortira diplômé de la National Academy du FBI. La confiance dans la mission, dans l'objectif à atteindre, a été déterminante dans la réussite. Et si cette histoire nous a marqués, c'est que ce jeune officier de police est l'un des deux auteurs de cet ouvrage. Une confiance dans la mission qui a définitivement changé sa vie...

L'EXCÈS DE CONFIANCE DANS LA MISSION

Quand on s'engage trop dans l'objectif, on court le risque non négligeable de perdre le recul nécessaire à une vision objective et éclairée. L'excès de confiance dans la mission est particulièrement dangereux, car il peut conduire à un aveuglement des collaborateurs, et l'application d'une mission qui devient non éthique sans qu'il n'y ait plus aucun discernement.

LE DOGMATISME STRATÉGIQUE

En philosophie, le dogmatisme représente un courant de pensée dans lequel une connaissance est perçue comme vraie, intangible, immuable et incontestable. On peut retrouver ce dogmatisme, dit « stratégique », quand la mission confiée est elle aussi réputée vraie, intangible, immuable et incontestable. La mission devient alors un sacerdoce quasiment religieux, et rien ne doit l'empêcher. C'est ainsi que les kamikazes sont recrutés par les terroristes : on leur implante l'idée que leur mission est indiscutable, inévitable, indispensable, et elle ne peut pas faire l'objet d'une réflexion pouvant les faire douter. Dans le cadre de la soumission à l'autorité, c'est parce que le supérieur donne l'ordre que l'on agit sans réfléchir. Dans le cadre du dogmatisme stratégique, c'est parce que la mission est perçue comme supérieure à tout que l'on obéit, même si elle n'est pas confiée par un supérieur. Dans le dogmatisme stratégique, tout est réinterprété pour valider le caractère nécessaire et sans appel de l'exécution de la mission.

« TARGET FASCINATION »

Issu de l'aéronautique, le concept de *target fascination* évoque le manque de recul et la prise de risque que connaissent les pilotes au moment d'atterrir : ils sont si fascinés par le final de leur approche qu'ils peuvent perdre leur capacité d'analyse objective. Dans le cadre de l'excès de confiance dans l'objectif, l'approche de la fin de la mission et de la réalisation de l'objectif focalise l'attention et l'énergie des collaborateurs sur la finalisation, ce qui les empêche de voir les risques ou les nécessaires temporisations : on est tellement près de réussir qu'on force le destin inconsciemment, au risque de tout rater.

Dans un exercice de négociation de crise que nous donnons régulièrement en entreprises, l'une des dernières consignes, au bout de deux heures de négociation difficiles, est de signer avec un intervenant français ET un intervenant américain. Dans 80 % des cas, le ET est transformé en OU par les équipes de négociation. Pourquoi ? Simplement, parce qu'elles sont tellement proches de leur objectif final (signer un accord) qu'elles écartent inconsciemment les modalités contraignantes (français ET américain). Ainsi, en ne signant qu'avec un des intervenants, la réalité devient plus acceptable, plus facile. Cependant, elle est biaisée, entraînant l'échec de l'exercice.

LE SUROPTIMISME

Le suroptimisme est un biais cognitif qui consiste à « surjouer » inconsciemment la confiance dans l'objectif, au risque de faire des prévisions trop optimistes ou trop hasardeuses. Ce suroptimisme est souvent le fruit de la combinaison entre un excès de confiance en soi et un excès de confiance d'équipe. De nombreux fiascos militaires sont issus de ce phénomène : quand la junte argentine attaque les Malouines le 2 avril 1982, les militaires sont persuadés de réussir ; ils se sentent plus forts que les Britanniques, qui exercent leur souveraineté sur les îles des Malouines. Pour eux, les Anglais sont sur un autre continent, aux prises avec des difficultés économiques dans leur pays, et le peuple anglais ne porte aucun intérêt à ces îles lointaines. Grave excès de confiance : les Anglais vont se battre bec et ongles, envoyer un contingent sur place et vaincre la junte militaire argentine qui sera juste après battue aux élections. Au total, 907 Argentins et Anglais laisseront leur vie dans ce conflit.

CHAPITRE 6

LA CONFIANCE DANS L'HISTOIRE

Après quelque temps d'existence, les organisations commencent à installer leur histoire, faite de réussites, de succès, mais aussi de difficultés et d'échecs. Dans une époque où chacun court tête baissée, toujours plus vite, vers un avenir chaque jour plus innovant, la tentation est grande de ne plus se retourner vers l'histoire et d'oublier d'où l'on vient. Mais comment savoir où l'on va si on ne sait pas d'où l'on vient ?

États-Unis – 2009. Une société d'audit financier cherche à étoffer son équipe de consultants pour doper son développement à l'international. Forte d'un budget marketing conséquent et de moyens importants de recrutement, l'entreprise décide d'utiliser les réseaux sociaux pour intéresser et attirer les talents qu'elle recherche.

Une équipe dédiée va être constituée pour préparer l'opération de recrutement : rédaction des descriptions de poste, messages multiples sur Facebook, Twitter, LinkedIn, rien n'est laissé au hasard pour attirer de jeunes diplômés brillants et ambitieux. Les messages que la société veut faire passer sont clairs : nous sommes une entreprise ambitieuse, construite sur des valeurs d'éthique, de confiance et de responsabilité. Ces mots sont affichés dans toutes les langues sur le site Internet, les messages sont relayés des centaines de fois, plus personne ne peut désormais ignorer que la société se base sur une histoire vertueuse pour asseoir son développement à l'international.

Pourtant, les candidats qui répondent aux propositions de poste sont peu nombreux, et ceux qui se renseignent posent des questions très orientées, presque toutes autour de l'éthique du groupe et du mode de management des consultants seniors vis-à-vis des juniors. Car au-delà de l'image policée et valorisante qui a été créée pour la campagne de recrutement, la société d'audit n'est pas aussi vertueuse qu'il n'y paraît : son management est basé sur la performance individuelle, et ceux qui ne suivent pas sont systématiquement poussés vers la sortie. La compétition interne est telle que l'ambiance est devenue délétère, les équipes travaillent les unes contre les autres, et chaque collaborateur n'œuvre que pour son intérêt personnel.

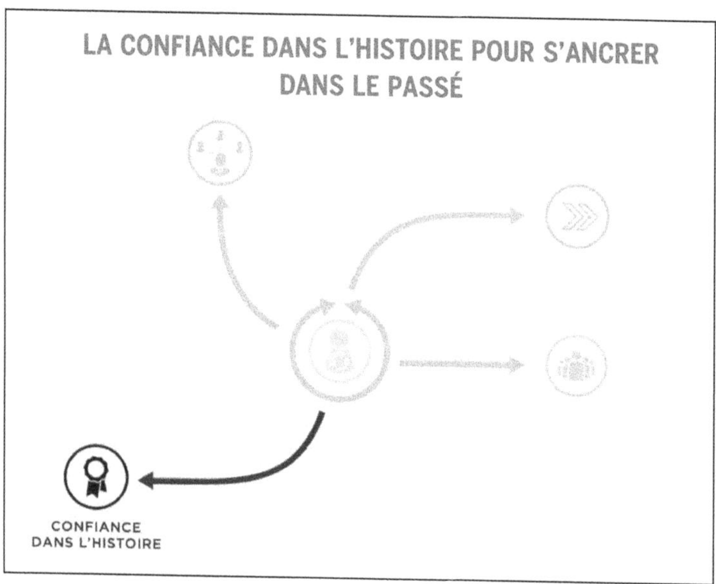

La société a voulu réécrire son histoire en valorisant son passé et son mode de fonctionnement. Elle a maquillé son image ternie par un coup de pinceau marketing. Cependant, « sa légende » l'a rattrapée. À l'heure de l'information permanente et immédiate, plus personne ne peut réinventer son histoire et nier ses bons ou ses mauvais côtés. L'histoire de la société a par conséquent freiné la confiance que les potentiels candidats pouvaient lui accorder...

L'HISTOIRE DE L'ORGANISATION

L'histoire d'une organisation est en quelque sorte sa base établie, son socle, sa référence incontournable. Ce qu'elle a réalisé, en bien ou en mal, est connu de beaucoup, parfois de tous, et il est impossible d'en faire abstraction : il est difficile de changer son histoire, même s'il est toujours possible de la réinterpréter[1]. Il faut l'accepter et la valoriser, quelle qu'elle soit, car elle est primordiale pour attirer les talents. C'est un véritable enjeu pour les entreprises, qui, pour constituer des équipes toujours plus efficaces, doivent s'appuyer sur les meilleurs experts. La gestion des talents est devenue un véritable métier dans certaines entreprises qui ont compris avant les autres cet énorme avantage concurrentiel.

CRÉER UNE LÉGENDE COMMUNE

Kaamelott est une série télévisée française humoristique créée par Alexandre Astier, Alain Kappauf et Jean-Yves Robin, diffusée entre janvier 2005 et octobre 2009 sur la chaîne M6. Dans la série, à la table du roi Arthur, le père Blaise a pour mission de consigner la légende. Son rôle

1. Cf. infra.

est primordial, car sans personne pour mettre en forme ce qu'ont fait les chevaliers de la Table ronde, personne ne connaît l'histoire. Il en est de même pour les entreprises : elles doivent écrire leur légende, raconter leurs aventures, pour matérialiser une histoire commune entre leurs collaborateurs et donner envie aux autres de la rejoindre.

Le terme « légende » n'est pas ici utilisé par hasard : une légende, terme issu du latin *legenda*, « qui mérite d'être lue », était un récit mis par écrit pour être ensuite lu publiquement. La légende de l'entreprise est ce qu'elle choisit dans son histoire pour être racontée aux autres.

La légende de l'entreprise est ce qu'elle choisit dans son histoire pour être racontée aux autres.

Le choix de ce que l'on raconte est primordial, car c'est ce qui restera à la fin. Comme toute légende, celle d'une entreprise doit être valorisante sans être excessive. Si elle devient hagiographique, tout le monde se doute qu'elle enjolive la réalité. Si elle est trop factuelle, elle ne touche pas les émotions. Le juste équilibre est difficile à trouver : il faut garantir une précision historique nécessaire à la crédibilité, mais également trouver une intention spirituelle, pour incarner des valeurs et donner du sens.

LA RENOMMÉE ET LA VALENCE

En chimie, la valence d'un élément est le nombre maximal de liaisons qu'il peut former avec d'autres éléments : la valence d'un atome détermine donc le nombre d'autres atomes auxquels il peut se lier. Par extension, la valence d'un groupe caractérise sa force d'attraction, le nombre de liaisons qu'il peut avoir avec d'autres entités, par exemple des collaborateurs potentiels. C'est en quelque sorte son aptitude à donner envie de le rejoindre.

Cette valence est bien sûr basée sur le marketing de la marque, mais également sur l'histoire, sur la légende de l'organisation. Plus la légende sera belle et crédible, plus la valence sera positive. Au contraire, une histoire cachée ou sombre entraînera une valence négative.

Tous les ans, des baromètres indiquent les entreprises dans lesquelles il fait bon vivre, classent celles dans lesquelles les collaborateurs se sentent le mieux. Incontestablement, ces classements élèvent la valence de l'organisation. Créer la renommée repose sur une capacité à « légendariser » l'histoire, à valoriser ce que l'entreprise a fait de bien, ou à tirer des enseignements de ce qu'elle a fait de moins bien pour rebondir et surpasser les difficultés. Et vous, comment se raconte la légende de votre entreprise ?

LA VALORISATION DES SUCCÈS

« Le succès est un mauvais professeur, il pousse les gens à penser qu'ils sont infaillibles », disait Bill Gates. Créer la confiance dans l'histoire, c'est en premier lieu démontrer sa capacité à réussir. Ce n'est pas l'étape la plus difficile à mettre en œuvre, toutes les organisations adorent mettre en avant leurs succès. Encore faut-il le faire de manière efficace.

DÉBRIEFER LES RÉUSSITES

Valoriser la réussite est un cercle vertueux qui suscite… la réussite : c'est la dynamique du succès. Nous l'avons déjà évoqué, penser que l'on va réussir, c'est déjà réussir. Dans une étude sur la négociation complexe que nous avons menée auprès d'étudiants en école de commerce, les participants ont été divisés en deux groupes. Chaque groupe a eu à résoudre des cas de négociations difficiles, et a été noté par un négociateur professionnel. Lors du premier cycle d'exercices, les groupes ont été de valeur et d'efficacité équivalentes. Pourtant, les résultats ont été « truqués » : les membres du premier groupe ont été informés qu'ils avaient réussi 9 cas sur les 10 proposés, alors que les membres du second groupe n'ont été crédités que de 3 bons résultats sur 10. Lors des exercices suivants, le premier groupe s'est montré beaucoup plus efficace, emmené dans une logique de succès issue du premier débriefing. Le second groupe, quant à lui, s'est montré peu efficace, presque résigné à l'échec et trouvant des excuses à ses piètres performances. D'autres études menées sur des sujets analogues ont également démontré que pour les groupes qui connaissent des succès, la sécrétion de testostérone augmente, renforçant leur confiance en eux et leur agressivité. À l'inverse, les groupes ne connaissant que des échecs voient leur taux de cortisol augmenter, qui est l'hormone du stress et de l'inhibition.

Le risque d'un débriefing des succès mené de manière inappropriée réside dans l'excès de confiance ou le sentiment d'invulnérabilité qu'il peut générer. Nous l'avons qualifié d'« effet SERIN® », à la suite des centaines d'opérations que nous avons pu débriefer.

LE RÉFÉRENTIEL SERIN®

L'effet SERIN® est né de notre observation d'individus isolés ou de groupes lors de débriefings. Il caractérise le cheminement psychologique que certaines personnes peuvent emprunter, souvent malgré elles, quand elles sont débriefées après une réussite : succès, félicitations, bonus, augmentation, louanges, gains… Ainsi, par phénomène d'embrasement, il est courant de voir naître des réactions narcissiques qui nuisent à l'apprentissage. Le référentiel SERIN®, au-delà de décrire ce phénomène, propose également des réponses pour réduire les effets nocifs et ainsi mettre le débriefé dans les meilleures dispositions pour le futur.

La **Satisfaction personnelle** : quand un succès est débriefé avec un collaborateur ou une équipe, la première sensation est la satisfaction personnelle. Cette réaction est naturelle et contribue à nourrir le capital confiance. Elle étoffe également l'ego, qui se renforce dans le succès. Mais la satisfaction personnelle peut engendrer une surestimation de ses capacités, notamment quand l'ego est flatté ou que la personne s'attribue l'entièreté du succès. Pour limiter ce phénomène :

- évoquez l'impact de la réussite sans agrandir le périmètre de responsabilité de son contributeur. « Ce projet nous a permis de rapporter 10 000 millions d'euros. Et c'est en partie grâce à l'étude de coûts que tu as réalisée en amont. Ce qui a permis aux équipes d'être véritablement sereines lors de la première phase de négociation. Bravo. » Entre les lignes, le succès est la résultante d'une combinaison de facteurs, et non du seul débriefé ;
- dosez les superlatifs. Évitez-les « génial, super, exceptionnel » à tout-va. Non seulement ils ne sont pas souvent adaptés, mais vous créez de tels précédents que le jour où vous direz « c'est très bien », le débriefé pensera qu'il aura commis une erreur ;
- restez concis et précis. Pourquoi certains ont tendance à se gonfler d'orgueil ? Tout simplement, parce qu'on leur

donne l'opportunité de le faire. Des débriefings-fleuves, qui ressassent notamment les éléments de succès, ne font que renforcer la sensibilité de l'ego. Et à force d'entendre qu'on est une star, on finit par le croire ;

L'**Excès de confiance** : sans vraiment s'en apercevoir, ceux que l'on félicite pour leurs succès peuvent glisser vers une surestimation de leurs capacités et une perte d'humilité : la courbe de satisfaction approche son point de paroxysme, et si, de plus, les succès s'enchaînent, le collaborateur (ou l'équipe) va basculer dans un sentiment de supériorité potentiellement toxique. Fort de multiples réussites, un négociateur commercial était à ce point encensé par son supérieur qu'il ne préparait même plus ses négociations. Aussi, face à l'un de ses plus gros clients, il a commis une erreur de débutant en dévoilant la marge qu'il réalisait sur ce contrat. Il a perdu son client, et la confiance de son supérieur. Face à un excès de confiance :

- projetez le débriefé, c'est-à-dire aidez-le à considérer une réalité différente. « Et si on avait fait différemment, tu penses qu'on aurait pu également réussir ? » Cette approche est particulièrement efficace, car elle pousse le débriefé à s'interroger à la fois sur la situation et sur lui-même. C'est l'aveuglement qui caractérise l'excès de confiance, en acceptant uniquement sa propre réalité. Par la projection, vous l'aidez à sortir de son propre cadre de référence ;
- minorez le rôle du débriefé sans pour autant le dévaloriser. « Lors de la prise de décision, deux choix se sont offerts à moi. Suivre ta recommandation ou celle du consultant. Les deux présentaient autant d'avantages que d'inconvénients. J'ai retenu la tienne, car elle me semblait plus adaptée dans ce contexte. Si le contexte devait évoluer, sache que nous serons sûrement ame-

nés à revoir la stratégie ainsi que les choix retenus. Bien évidemment, tu seras le premier prévenu. » Non seulement, vous ne vous attaquez pas à son excès de confiance (pas de jugement), mais vous minorez l'impact de l'action du débriefé dans la réussite du projet (deux choix étaient disponibles) ;

- recadrez si nécessaire. « Maintenant, la priorité, c'est l'application des termes du contrat. Le plus dur est devant nous. Et c'est là que l'on va avoir besoin de toi. » Vous signifiez en réalité que le champagne a été bu, et que maintenant il faut bosser. C'est une manière de dégonfler le succès.

La **Relativisation** : si celui qui anime le débriefing a réussi à limiter les velléités narcissiques du débriefé, ce dernier va entamer une phase de prise de conscience. Le succès va être perçu non pas comme un exploit personnel, mais comme un travail d'équipe ou simplement une étape au sein d'un long processus. Le débriefé réalise que, certes son impact était déterminant, mais qu'il reste relatif. Un monde s'ouvre à lui. Pour accompagner la relativisation :

- donnez-lui de la hauteur. Dans un hélicoptère, nous prenons de la hauteur sur notre environnement. Faites monter le débriefé dans l'hélicoptère et ouvrez-lui les yeux sur les éléments hors de sa portée ;
- inscrivez-le dans la durée. Les actions ponctuelles renforcent le sentiment d'héroïsme. Être excellent dans la durée, cela nécessite non seulement de l'énergie, mais une constance et une régularité dans l'action. Quand on réalise qu'il reste encore vingt batailles à gagner, on relativise les choses ;
- pointez la différence. Cela nécessite de la créativité, mais le résultat est redoutable. « C'est une belle réussite et tu

peux en être fier. Il y a dix ans, j'ai été confronté à la même situation. J'ai fait différemment, mais le succès a été au rendez-vous. Tout comme toi. Voilà comment j'ai fait… » En réalisant qu'il n'existe pas qu'une solution, on relativise son propre succès.

L'**Interrogation de la compétence** : la prise de conscience lors de la phase de relativisation permet d'interroger les compétences mises en œuvre et d'identifier les points de progression nécessaires. Toute réussite comporte également les ingrédients de l'échec, seules la compétence et l'expérience permettent de modifier l'alchimie pour parvenir au succès. Mais on n'a jamais fini d'apprendre, il est toujours possible de faire mieux ou de faire différemment. Pour contribuer à l'interrogation :

- « Il n'y a pas de succès sans faille » : c'est une phrase que nous répétons régulièrement lors du débriefing pour aider les débriefés à verbaliser leurs points d'achoppement. En ouvrant la porte, on incite les débriefés à se livrer davantage ;
- acceptez l'erreur. Une erreur ne doit être sanctionnée que si elle est volontaire et/ou répétée. Si vous condamnez l'erreur, personne ne sera enclin à la partager ;
- valorisez le droit à l'erreur. Si nous n'apprenons pas du passé, nous sommes condamnés à le reproduire. En valorisant les erreurs d'hier, nous nous prémunissons d'erreurs futures. Et nous incitons chacun à vouloir progresser.

La **Nouvelle compétence** : c'est par la déconstruction que nous réalisons les mécanismes qui ont contribué au succès. Si ces mécanismes ne sont pas analysés puis véritablement compris, ils ne peuvent être intégrés pour devenir des automatismes. C'est en mettant le doigt précisément sur le ou les éléments déterminants que l'on ancre l'apprentissage et que la nouvelle compétence devient tangible. Pour aider à sa réalisation :

- marquez le briefing. Par marquage, nous entendons faire ressortir un élément saillant du débriefing. Par exemple, si la résolution d'un conflit interpersonnel s'est produite grâce à l'utilisation d'une technique très spécifique, alors le débriefing sera « marqué » par cette technique. En utilisant le marquage, si par la suite, une situation similaire devait se présenter, le débriefé puiserait automatiquement dans son répertoire d'expériences vécues pour proposer comme solution cette compétence acquise ;
- faites partager le savoir. La nouvelle compétence doit être partagée pour qu'elle profite au plus grand nombre. Cela permet non seulement de valoriser le débriefé, mais également de faire grandir le reste de l'équipe ;
- entraînez-vous. L'opportunité, le moment juste, le grain de folie, l'adaptation, le bon sens ou encore l'expérience peuvent être à l'origine du succès. Simplement, si le débriefé a agi avec justesse, il est nécessaire de vérifier que cette justesse n'est pas le fruit du hasard, mais d'une régularité professionnelle. En revivant sous forme d'exercices des situations plus ou moins similaires, la compétence se renforce et devient réflexive.

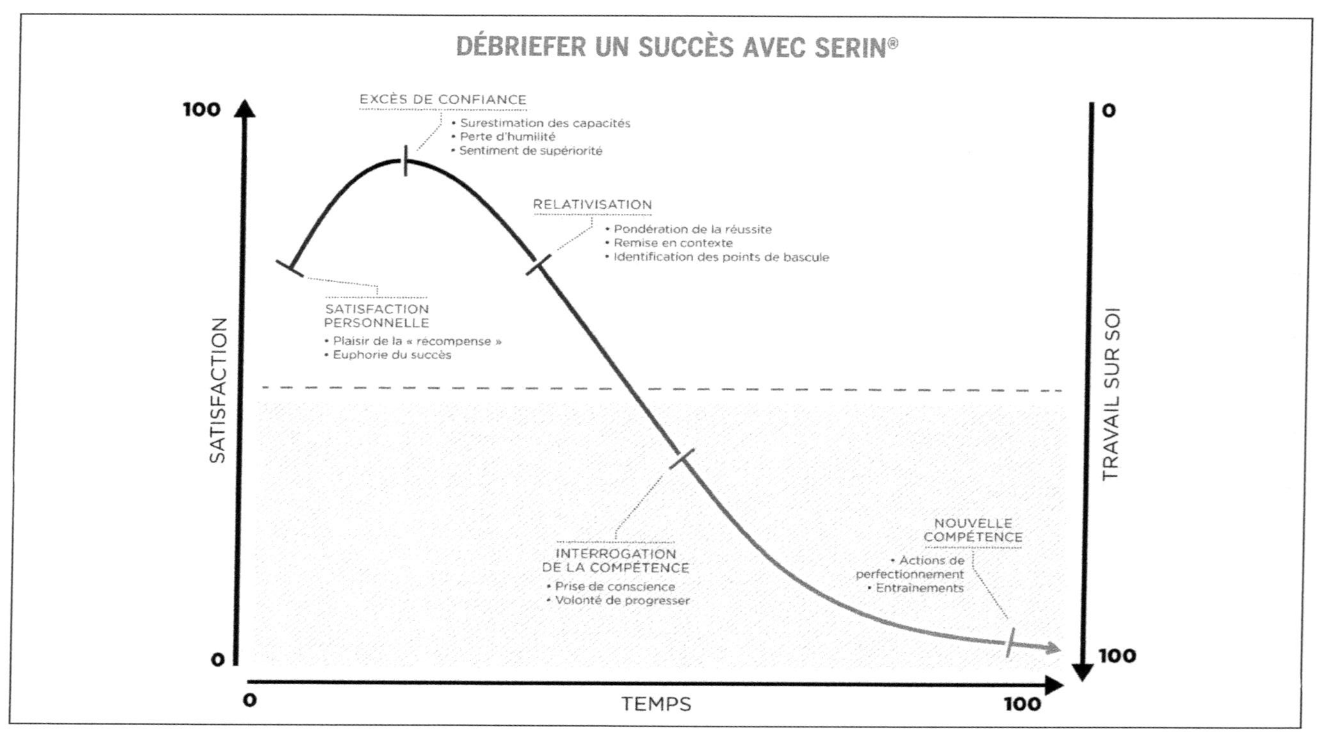
DÉBRIEFER UN SUCCÈS AVEC SERIN®
SATISFACTION
100
0
TRAVAIL SUR SOI
0
100
TEMPS
0
100
EXCÈS DE CONFIANCE
• Surestimation des capacités
• Perte d'humilité
• Sentiment de supériorité
RELATIVISATION
• Pondération de la réussite
• Remise en contexte
• Identification des points de bascule
SATISFACTION PERSONNELLE
• Plaisir de la « récompense »
• Euphorie du succès
INTERROGATION DE LA COMPÉTENCE
• Prise de conscience
• Volonté de progresser
NOUVELLE COMPÉTENCE
• Actions de perfectionnement
• Entraînements

LES ENSEIGNEMENTS DES ÉCHECS

L'apprentissage de l'erreur est un sujet très à la mode, qui fait les choux gras des journaux de management ou des séminaires de leadership, un peu comme si on venait de découvrir la roue. Mais au-delà des prises de conscience parfois hypocrites, qui organise vraiment l'apprentissage des échecs dans son entreprise ? Débriefer les réussites consolide la confiance dans l'histoire, c'est indéniable. Mais refuser de débriefer les échecs est contre-productif, voire dangereux, surtout si l'on a exhorté ses collaborateurs à le faire sans jamais avoir montré l'exemple.

Pour y parvenir, il est incontournable d'accepter, voire de valoriser, le droit à l'erreur.

LE DROIT À L'ERREUR

Lors d'une filature organisée par un service de la police judiciaire, l'ambiance est morose : le suspect qui était sous surveillance a réussi à disparaître dans la ville, et ce malgré un dispositif très important. Pourtant, tout le monde sait qu'une erreur a été commise, qui explique cet échec de la filature. Pourtant, personne n'osera la verbaliser, car les trois derniers à avoir commis une erreur, pourtant involontaire, ont été virés de l'équipe. Créer une culture du droit à l'erreur demande un véritable engagement de la hiérarchie : c'est un des facteurs de la confiance hiérarchique évoquée précédemment.

Ce droit à l'erreur non intentionnelle a été développé au sein de l'aviation civile, et plus précisément l'aviation anglaise : les contrôleurs de vol ne débriefaient que très rarement les incidents lors des phases d'atterrissage.

Au cours d'une étude anonyme, l'immense majorité des contrôleurs ont révélé qu'ils ne débriefaient pas, car ils avaient peur que leurs erreurs soient sanctionnées. Dès lors, l'aviation civile anglaise a mis en œuvre le principe de la non-sanction des erreurs si elles ne sont pas intentionnelles. L'effet le plus visible a été l'organisation quasi systématique de débriefing des incidents, et la réduction rapide du nombre de ces incidents.

Au sein d'ADN Group, la « Gamelle d'or » est remise tous les ans. Au cours d'une rencontre formelle, chaque négociateur évoque sa plus grosse erreur de l'année. Puis tous élisent la plus belle pour recevoir le prix. Au-delà de l'aspect ludique de cette cérémonie, chacun va apprendre des erreurs des autres et accepter d'évoquer celles qu'il a commises devant ses pairs.

LE RÉFÉRENTIEL BRRAC®

Débriefer une erreur ou un échec requiert de la méthode pour ne pas stigmatiser, dévaloriser ou démotiver celui ou celle qui en est l'auteur. À l'instar du référentiel SERIN®, le référentiel BRRAC® énumère les réactions naturelles de certains individus dès lors que des points sensibles, critiques ou de progrès sont abordés lors d'un débriefing. Ce référentiel propose également des actions pour limiter et stabiliser des sujets en proie à des attitudes non adaptées.

La **Blessure personnelle** : quelles que soient son importance et ses conséquences, un échec génère chez son auteur une blessure personnelle, surtout s'il est porté à la connaissance de tous. L'impact de la blessure personnelle est lié à l'expérience de celui qui la vit, mais également à son ego ou à son profil psychologique. Il va se sentir victime de la situation, persécuté, voire agressé. Cette sensation peut entraîner une riposte à l'évocation de l'échec. Pour limiter la blessure :

- soyez factuel, précis et dotez-vous d'exemples. Il n'y a rien de pire que de commencer par : « J'ai entendu dire que… » Plus vous serez factuel, plus il sera difficile pour le débriefé de tenir une position irrationnelle ;
- orientez la critique positivement. Pour cela, il est nécessaire de donner du sens et de ne pas viser le débriefé. « L'information que nous avons occultée a coûté près de 100 000 euros à la société. » En vous englobant dans l'erreur, par l'utilisation du « on », vous préservez l'ego du débriefé. De plus, vous élevez le sujet au niveau de la société et non pas du débriefé, ce qui donne du sens à l'erreur (ce n'est pas le service qui en pâtit, mais la société) ;
- sollicitez son point de vue. « Comment percevez-vous ce que je viens de vous dire ? » Il est important que le débriefé puisse s'exprimer, livrer ses états d'âme, ses sentiments et surtout son opinion. Faites-le par une question ouverte pour produire des réponses élaborées. Évitez : « Vous êtes d'accord avec moi ? » qui vous donnera un oui ou un non, donc peu d'informations permettant un échange constructif. Peut-être va-t-il porter à votre connaissance des points que vous aviez sous-estimés.

La **Riposte** : cette réaction de défense préserve l'ego et sera plus ou moins forte en fonction de la personnalité. Un narcissique ou une personne habituellement de mauvaise foi vivra très mal d'être mis en cause pour une erreur et pourra riposter de manière très agressive. La riposte peut se traduire par un débordement émotionnel, déchargeant une colère soudaine et libératoire. C'est le refus catégorique d'accepter une remarque qui entraînera une rigidité exacerbée du comportement. À noter que la riposte peut également se traduire par un enfermement et une acceptation spécieuse des faits. Pour donner le change et éviter une cristallisation des tensions, le débriefé fait mine de prendre pleinement conscience des axes d'amélioration, mais en réalité ronge son frein et, dans certains cas, tentera même de saper l'autorité du hiérarchique. Les passifs-agressifs réagissent très fréquemment en adoptant ce type de comportement faussement honnête. Face à la riposte :

- laissez-le vider son sac. La frustration réprimée porte un arrière-goût de poison. En aidant une personne à se libérer, elle va décharger ses émotions et son point de vue. Une fois son cerveau (partiellement) vidé, il sera d'autant plus disponible pour intégrer des données factuelles. Donc, taisez-vous et écoutez ;
- ne contre-argumentez pas. Si vous tentez de faire prévaloir votre point de vue, cela peut durer très longtemps, surtout face à un individu qui est sourd à vos arguments. Interrogez-le sur sa façon de considérer les choses plutôt que d'essayer de le convaincre d'accepter ce que vous lui dites. À titre d'exemples : « Quand vous dites que vous n'êtes pas d'accord sur ce point, qu'entendez-vous par là ? » ; « Vous pensez avoir bien fait en accordant une remise de 7 % à votre client même si votre mandat n'autorisait que 5 % ? »
- levez la séance si nécessaire. En cas de débordement, la levée de séance peut être une option. C'est un moyen de faire retomber la pression et d'éviter tout contact physique. Le débriefing reprendra une fois la tension dissipée.

La **Rationalisation** : face à une erreur avérée, la rationalisation est un mécanisme de défense que notre cerveau va mettre en œuvre pour se protéger. Pour justifier l'erreur, une explication va être trouvée *a posteriori*, même si elle est manifestement fausse. Plus qu'une excuse, la rationalisation est une justification inconsciente, qui va amener son auteur à ne pas prendre la responsabilité de l'erreur qu'il a commise. En blâmant les circonstances, il peut ainsi sortir la tête haute. Pour limiter ce phénomène :

- proposez des options. Le débriefé, pour justifier son erreur, va rejeter la responsabilité sur un terrain éloigné. Ainsi, il ne sera pas éclaboussé. Sa vision tunnel lui proposera une option acceptable. Exemple : « Si j'ai échoué, c'est parce que je n'ai pas été informé du changement de législation. » L'option acceptable et unique se résume au fait de ne pas avoir été informé. En proposant d'autres options (se renseigner pro-activement sur la législation, contourner la problématique législative, aborder le sujet sous un autre angle…), vous aidez le débriefé à sortir de la rationalisation excessive. « Et comment auriez-vous pu faire pour ne pas être tributaire des autres ? »
- impliquez-le personnellement. « Quand vous dites que c'était mission impossible, vous pensez donc que personne n'aurait pu réussir ce projet ? » Face à ce type de question implicative, il est beaucoup plus difficile pour le débriefé de s'enfermer dans une position irrationnelle. Pour la simple et bonne raison que si vous lui prouvez par la suite qu'il aurait pu faire différemment, non seulement il perdrait la face, mais il serait contraint de revenir sur ses dires ;
- transformez l'erreur en opportunité. « Quelle que soit votre vision des faits, cela va nous permettre de grandir pour la suite. Au moins, on empruntera un autre chemin la prochaine fois ! » En considérant l'erreur comme un apprentissage, le débriefé sera d'autant plus enclin à regarder son « œuvre » différemment.

L'**Acceptation partielle** : en travaillant correctement sur la rationalisation, la résistance de l'auteur de l'erreur va progressivement s'atténuer pour l'amener à accepter sa responsabilité.

Attention cependant. L'acceptation de l'erreur est encore embryonnaire, et il est nécessaire d'accompagner avec justesse le débriefé pour éviter un retour en arrière ou un apprentissage stoppé net au milieu du gué. Pour cela :

- soyez bienveillant : en période de trouble émotionnel et quand il est nécessaire de travailler sur soi, l'accompagnement doit être particulièrement bienveillant et dénué de jugement. Sans précipiter les choses, le débriefé doit à la fois se sentir écouté et compris ;
- aidez-le à se projeter : quand on traverse une phase de remise en question, c'est la promesse d'un futur meilleur qui nous fait avancer. Sans vision, le futur n'est autre qu'une terne répétition du présent. « Nous avons décidé de vous confier le pilotage de ce projet qui vous tenait tant à cœur, compte tenu de votre implication personnelle ces derniers mois » ;
- valorisez la résilience : il n'y a rien de mieux pour la valoriser qu'en la verbalisant auprès du débriefé. La résilience est la capacité à surmonter les épreuves. Ainsi, en reconnaissant l'effort du débriefé, non seulement vous le félicitez pour le travail qu'il a réalisé sur lui-même, mais vous lui donnez l'envie d'aller encore plus loin. « Je tenais à vous féliciter quant à votre capacité de résilience. Vous avez non seulement travaillé sur vous-même, mais appris à vous dépasser. »

Le **Changement construit** : l'erreur a été déconstruite, assimilée et renforce désormais « le cuir » du débriefé. Ce dernier a intégré les actions correctrices à mener pour éviter qu'elle ne se reproduise, étant pleinement conscient des enjeux et des conséquences si elle devait se reproduire. Cette prise de conscience va renforcer le sentiment de sécurité intérieure et la confiance en soi : l'échec sera valorisé. Pour générer pleinement un changement construit :

- partagez la bonne pratique : en valorisant le travail sur soi et en le partageant au plus grand nombre, l'échec n'est plus stigmatisé. Il devient une source d'apprentissage pour tous. De plus, cela renforce chez chacun la nécessité de débriefer et le droit à l'erreur ;

- intégrez l'erreur dans un exercice : en exposant la problématique qui a conduit à l'erreur ou à l'échec auprès de participants lors d'un exercice, vous faites revivre les conditions réelles pour observer les différentes réactions. Nous le pratiquons régulièrement lors de « masterclass » que nous pouvons animer. Comme beaucoup ont tendance à reproduire l'erreur, non pas que cela dédouane celui qui a pu la produire auparavant, mais cela permet de la relativiser, car dans bien des cas elle reste « humaine »...

- récompensez si c'est pertinent. Que cela soit dans la vie personnelle ou professionnelle, la récompense contribue à la reconnaissance du travail sur soi accompli. Une femme nous racontait qu'elle a offert deux places de foot à son mari (pour lui et pour elle) pour le « récompenser » de l'effort surhumain qu'il avait accompli : reconnaître qu'il avait été de mauvaise foi. Comme son mari a toujours été d'une mauvaise foi maladive, elle a décidé de le remercier à sa manière pour le pousser à évacuer ce type de comportement. Elle nous a confié qu'il a beaucoup changé depuis. Si la récompense est conseillée, elle doit cependant être mesurée et pertinente. Augmenter un salarié de 10 % parce qu'il a commis une erreur et l'a intégrée n'a aucun sens. Vous créerez un précédent qui vous sera fortement préjudiciable. Mais inviter son collaborateur dans un bon restaurant, pour, à la fois, revenir sur la situation en question et le féliciter pour le travail personnel accompli, peut être une bonne manière de marquer le coup.

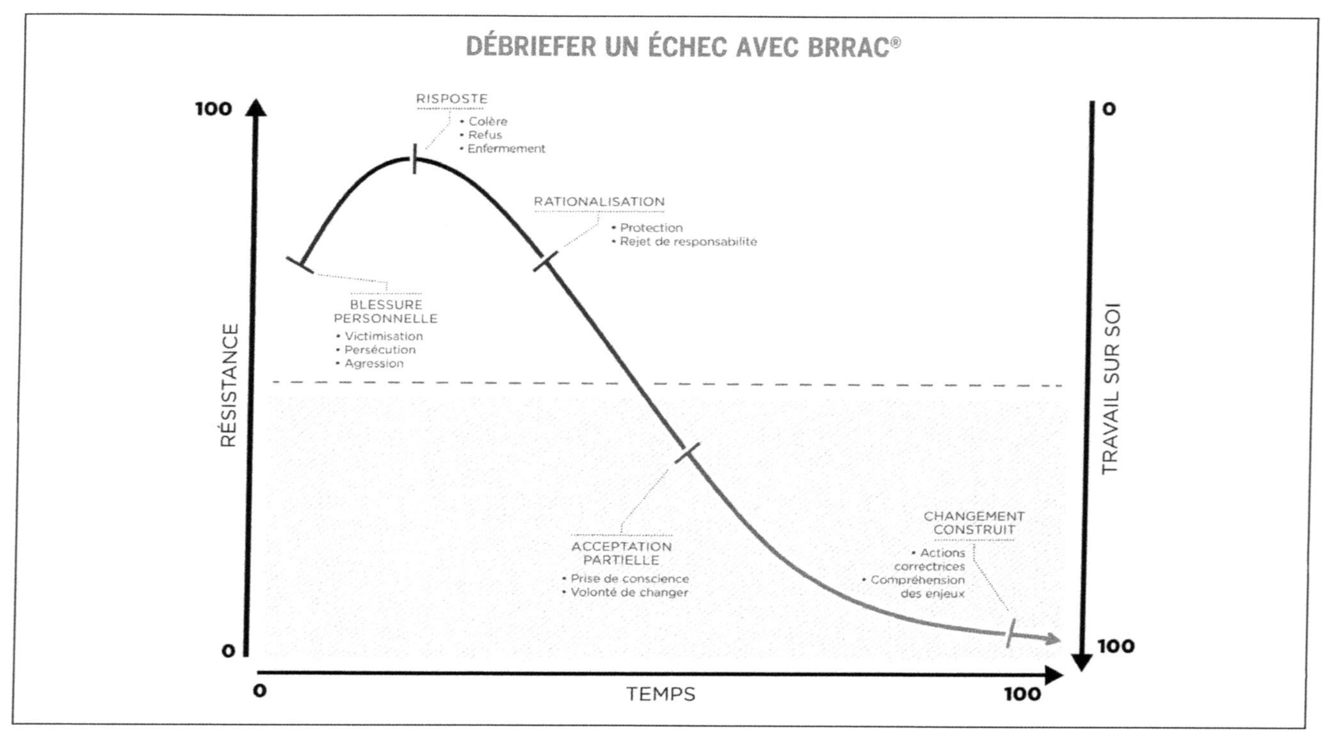
DÉBRIEFER UN ÉCHEC AVEC BRRAC®
100
RÉSISTANCE
0
0
TEMPS
100
0
TRAVAIL SUR SOI
100
BLESSURE PERSONNELLE
• Victimisation
• Persécution
• Agression
RISPOSTE
• Colère
• Refus
• Enfermement
RATIONALISATION
• Protection
• Rejet de responsabilité
ACCEPTATION PARTIELLE
• Prise de conscience
• Volonté de changer
CHANGEMENT CONSTRUIT
• Actions correctrices
• Compréhension des enjeux

LES VALEURS FONDATRICES

Les valeurs de l'équipe, évoquées précédemment[2], valorisent la confiance collective et structurent le fonctionnement de l'organisation. Mais leur force est largement accentuée quand elles-mêmes se basent sur les valeurs fondatrices de l'organisation. Ensemble hiérarchisé de principes et de comportements considérés comme nécessaires à l'existence de l'entreprise, les valeurs fondatrices sont l'ADN du groupe, qui constituent sa conscience collective.

LES VALEURS FONDAMENTALES DE L'ORGANISATION

Les valeurs fondamentales qui constituent une entreprise sont issues de l'histoire qu'elle a vécue, et elles constituent ce que l'on appelle généralement « la culture d'entreprise ». Dans cette expression, la culture est prise dans le sens d'un ensemble d'éléments, de comportements, d'attitudes qui expliquent les bases de fonctionnement d'un groupe social.

Les valeurs fondamentales sont généralement insufflées, portées par les fondateurs, les premiers membres du groupe. Elles constituent leur héritage immatériel quand ils quittent l'organisation ou qu'ils disparaissent. Cet héritage a fondé les réussites passées et prépare les réussites futures. L'arrivée de la génération Y, et maintenant de la génération X, dans les entreprises pose la question de ces valeurs fondamentales. Ces nouveaux collaborateurs arrivent avec des perceptions très différentes de leurs prédécesseurs, que ce soit sur la notion de temps, le sens de la mission, l'engage-

2. Cf. chapitre 3 « La confiance d'équipe ».

ment envers le groupe. Ces nouvelles perceptions viennent modifier et souvent enrichir l'alchimie du groupe. Mais les valeurs fondamentales, elles, ne sont pas négociables. Elles sont l'héritage de l'entreprise, la culture collective qui fonde le fonctionnement du groupe social. Cette culture peut évoluer avec le temps, mais certainement pas être niée par les nouveaux arrivants dans l'entreprise.

TRANSMETTRE LES VALEURS AUX COLLABORATEURS

Pour qu'une culture d'entreprise existe en tant que telle, les valeurs fondamentales doivent pouvoir être transmises à tous, et notamment aux nouvelles générations de collaborateurs. Pour ce faire, elles doivent être observables, durables et répétables :

- observables : les valeurs n'ont de sens que lorsqu'elles sont opérationnelles, et pas seulement incantatoires. Elles s'expriment dans le comportement de collaborateurs, à commencer par la hiérarchie. Dans une entreprise de conseil en stratégie, le dirigeant et fondateur est le premier à remettre en cause sa compétence en débriefant systématiquement les dossiers qu'il gère directement avec ses équipes. Dès lors, l'humilité est une valeur fondamentale de son organisation, opérationnelle et observable par tous ;
- durables : une valeur mise en œuvre une seule fois n'a rien de fondamental. C'est la durabilité de son utilisation qui la place dans la culture d'entreprise ;
- répétables : les valeurs fondamentales ne doivent pas être circonstancielles. Si un groupe se montre vertueux une fois, parce que le contexte spécifique l'y a poussé,

mais qu'il ne l'est plus jamais par la suite, il ne s'agit pas là d'une valeur fondamentale, seulement d'un coup de chance.

LES TRADITIONS

Les traditions sont les pratiques culturelles transmises à travers l'histoire d'un groupe social. Dans le langage courant, le mot « tradition » est employé pour désigner un usage, une habitude, une pratique prolongée au sein d'un groupe social, une entreprise par exemple.

Le terme « tradition » est parfois connoté, évoquant des pratiques ou des pensées « traditionalistes », allant à l'encontre du progrès. Dans le sens que nous retiendrons, les traditions sont les usages qui fondent l'identité des organisations par leur transmission aux autres.

DES TRADITIONS QUI FONDENT L'IDENTITÉ

Les valeurs fondamentales sont généralement couchées sur le papier. Les traditions et les rituels des organisations ne le sont que très rarement, et se transmettent généralement par voie orale et par l'observation. Un rite désigne traditionnellement l'ensemble des règles et des cérémonies en usage dans une religion ou dans une société. Pratique codifiée plus ou moins complexe, ce sont dans une entreprise les règles non écrites qui traversent l'histoire et deviennent immuables. Au sein du compagnonnage, les traditions sont particulièrement fortes, car elles sont signe de reconnaissance entre membres de la même organisation. En pratiquant les mêmes traditions, on signe son appartenance à une histoire commune, on s'approprie les pratiques du passé et leur efficacité éprouvée par l'épreuve du temps.

Attention cependant aux rituels déstructurants, voire destructeurs. Certaines formes de bizutages ont montré leur capacité à ne pas intégrer, ou à mettre en avant des valeurs contraires à l'objet même de leur organisation : comment certains étudiants en médecine par exemple, dont la vocation est de sauver des vies et de traiter des personnes dans des périodes de vulnérabilité fortes, peuvent se livrer à des rituels d'humiliation contraires au serment d'Hippocrate qu'ils prêteront en fin d'étude ?

DES USAGES STRUCTURANTS

Quand un collaborateur est intégré aux traditions, il appartient à l'histoire de l'organisation. Les rituels qui sont mis en œuvre dans les groupes sociaux peuvent avoir des sens différents, mais ils ont souvent une vocation structurante : l'intégration, l'apprentissage et/ou la reconnaissance. Ces trois moments de la vie d'une entreprise participent à la création d'une confiance dans l'histoire.

Quand un collaborateur est intégré aux traditions, il appartient à l'histoire de l'organisation.

Les usages d'intégration sont les rituels qui entérinent l'entrée d'une personne dans un groupe. Les bizutages, également désormais appelés « séminaires d'intégration », sont des épreuves qui ont vocation à mettre les impétrants dans des situations au cours desquelles ils vont éprouver les valeurs de l'organisation : confiance, solidarité… Seules quelques pratiques dévoyées ont dénaturé cette étape importante de l'entrée dans un groupe social.

Dans le cadre d'un séminaire annuel d'équipes commerciales, un rituel est mis en œuvre pour intégrer les nouveaux arrivants. Chacun des nouveaux collaborateurs est invité à monter sur scène et dispose de trois minutes pour donner une citation célèbre qui le caractérise, et d'expliquer pourquoi il a choisi celle-là. Tout le monde y passe, c'est une épreuve quelque peu stressante, mais elle marque le passage de l'extérieur du groupe à l'intérieur de l'entreprise.

Les usages d'apprentissage sont des pratiques de transmission du savoir : la façon d'être inclus dans une équipe projet, la désignation d'un mentor, la participation à des débriefings ou à des modules de formation constituent des pratiques non écrites, mais très structurantes. Chez les scouts, quand une compétence est acquise, elle fait l'objet d'une remise de badge, correspondant au savoir acquis, devant tous les autres membres de la troupe. Un badge qui serait porté sans avoir été remis devant les autres n'aurait certainement pas la même valeur.

Les usages de reconnaissance constituent le plus souvent des rituels de passage. Au sein du RAID, les policiers sont recrutés après avoir passé des tests particulièrement difficiles. Mais ils vont devoir attendre deux ans d'ancienneté pour se voir remettre leur brevet officiel, portant un numéro unique. Ce passage des deux ans est un rituel de reconnaissance fort, tout comme l'est la remise de la tenue d'intervention par un ancien.

Et dans votre entreprise, quels sont les rituels structurants que vous mettez en œuvre ?

Océanie – 2003. Dans le cadre d'une mission de lutte anti-drogue, deux experts européens sont envoyés en soutien d'une équipe des forces spéciales de la police locale. L'interpellation de plusieurs chefs de réseaux a été décidée en haut lieu, et la collaboration entre les services locaux et européens est particulièrement importante dans cette affaire.

Lors du briefing préparatoire, un des points d'intervention s'avère beaucoup plus complexe que les autres : la cible est un des principaux dirigeants du trafic de stupéfiants dans la région, il habite au cœur d'une communauté de villages qui le protègent, et l'approche du groupe d'intervention ne peut se faire que de nuit, en utilisant des véhicules discrets, pour préserver l'effet de surprise et éviter que la population ne vienne s'interposer lors de l'assaut.

Pour cette mission difficile, une équipe d'intervention est mobilisée. À la surprise des experts européens, l'équipe des forces spéciales locales est particulièrement jeune : les douze intervenants n'ont pas plus de 30 ans, et même si leur condition physique est rassurante, leur manque d'expérience inquiète les deux spécialistes étrangers.

L'intervention est programmée pour le soir même. Les policiers arrivent sur place en trois vagues distinctes, en utilisant des véhicules de livraison délabrés pour assurer la plus grande discrétion, et se regroupent pour déclencher l'interpellation en temps et en heure. L'opération se déroule parfaitement, et le trafiquant est interpellé puis ramené à la capitale. Aucun coup de feu n'a été échangé.

Lors du débriefing, un des deux experts aborde le sujet du jeune âge de l'équipe avec le leader qui a mené l'opération. Celui-ci lui répond en souriant : « Nous sommes jeunes, mais notre unité est riche d'une grande expérience. Nos anciens nous ont transmis leur savoir et la force de leur engagement. Notre devise évoque le courage et la détermination de ceux qui nous ont précédés. Nous ne faisons que poursuivre leur œuvre. »

Fort d'une confiance sans faille dans l'histoire de son unité, qui lui a été transmise par les anciens, ce jeune officier a su faire face à une situation difficile sans faillir et sans douter au moment de l'action.

L'EXCÈS DE CONFIANCE DANS L'HISTOIRE

À trop croire dans ce qui s'est déroulé dans le passé, on oublie que la réalité n'est pas la simple répétition de ce qui s'est déjà produit. La confiance dans l'histoire est un des leviers de l'excellence, mais elle ne constitue pas un bouclier inviolable face à l'incertitude : un excès de confiance peut s'avérer dangereux.

LA FAUSSE INVULNÉRABILITÉ

Dans le cadre de la confiance d'équipe évoquée précédemment, l'organisation peut être amenée à évaluer justement les risques qu'elle peut rencontrer, mais surévalue ses capacités à faire face. Cependant, cette surévaluation peut aussi s'adosser à un excès de confiance dans l'histoire. Certaines organisations réécrivent leur légende en omettant de parler de leurs erreurs : cette révision de ce qui s'est produit peut s'expliquer de diverses manières : le refus de reconnaître une erreur commise, le refus d'admettre un manque de compétence à un moment donné, la volonté de mettre en avant un aspect des choses plutôt qu'un autre, le souhait de ne pas inquiéter les collaborateurs…

Les échecs ayant été rayés de l'histoire, les collaborateurs ressentent un sentiment de fausse invulnérabilité, car personne ne leur a jamais parlé des mauvais côtés de l'histoire de leur entreprise.

LES MYTHES ET LES FAUSSES CROYANCES

En voulant écrire une légende attractive et valorisante, l'entreprise peut créer des mythes qui nuisent à la confiance efficiente et durable. Un mythe est un récit explicatif qui fonde une pratique sociale et qui cherche généralement à trouver des solutions à des situations restées sans réponse, ou dont les réponses ne sont pas satisfaisantes ou « écologiques ». Le terme « mythe » est d'ailleurs souvent employé pour désigner une croyance manifestement fausse, mais qui est acceptée par ceux qui y adhèrent.

Parmi les mythes qui fondent un excès de confiance dans l'histoire, ceux qui expliquent des succès supposés sont les plus nombreux. Dans le cadre d'une mission de formation au profit d'une société de conseil en stratégie, un négociateur professionnel explique les fondamentaux de la négociation complexe. Parmi les participants, de jeunes consultants racontent plusieurs négociations qui ont été menées par leur entreprise au profit de clients. Ils évoquent à cette occasion les règles et méthodes utilisées, mais ces méthodes ne correspondent pas à ce qu'il aurait fallu faire dans ces cas. Ces succès galvanisent les jeunes participants à la formation, qui vont se révéler peu efficaces au fil des exercices. Vérifications faites par le formateur, la société de conseil n'avait jamais engagé les négociations évoquées. Pourtant, le mythe de ces fausses réussites avait été transmis aux collaborateurs juniors, ce qui avait fondé une fausse confiance dans leur histoire.

CHAPITRE 7

CRÉER LA CONFIANCE

La question de la confiance est cruciale, omniprésente, récurrente, et pourtant si floue et si complexe. Rassembler sous un terme unique autant de concepts, de notions, de points d'actions serait illusoire. Plutôt que d'évoquer la confiance comme un tout unique et fondamental, il nous faut parler des confiances pour être plus en phase avec la réalité. Comme des ingrédients qui peuvent s'associer, s'additionner ou se retrancher selon la façon dont on les lie.

Nous ne sommes pas experts de la confiance, simplement des observateurs éclairés qui se sont rapidement aperçus que, plongées dans des univers de complexité et d'incertitude, les équipes les plus performantes sont celles qui créent la confiance en s'appuyant sur plusieurs leviers simultanément, jouant sur les uns et sur les autres, réalisant des alchimies subtiles, volontairement ou inconsciemment. Et c'est ce que nous tâchons de faire humblement au quotidien auprès de nos équipes.

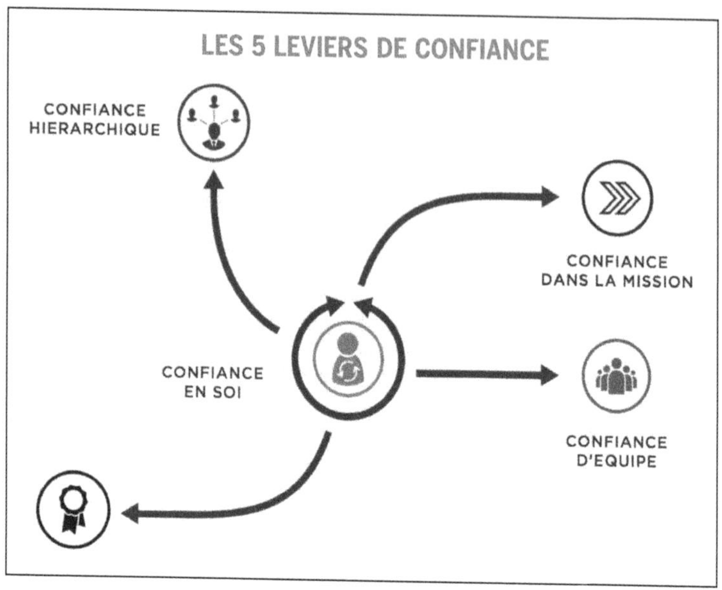

Au fil des missions que nous avons menées et des d'équipes que nous avons accompagnées, nous avons identifié cinq leviers de confiance, comme nous l'avons évoqué dans le premier chapitre de cet ouvrage : la confiance en soi, la confiance d'équipe, la confiance hiérarchique, la confiance dans la mission et la confiance dans l'histoire. Bien que chacun de ces leviers soit indépendant, tous sont interdépendants dans leur mise en œuvre, que ce soit dans le sens de leur développement ou de leur étiolement.

DES LEVIERS INDÉPENDANTS

Pris individuellement, chacun des cinq leviers de confiance peut être analysé et travaillé indépendamment des autres. Certains sont plus souvent mis en avant : la confiance en soi fait l'objet de dizaines d'ouvrages, alors que la confiance dans l'histoire est bien plus rarement évoquée. Mais tous concourent à la création d'une confiance globale qui participe à la recherche de l'excellence.

CHAQUE LEVIER DE CONFIANCE PEUT ÊTRE ENVISAGÉ INDIVIDUELLEMENT

Un niveau de confiance peut être développé sans s'appuyer sur les autres. Extraite de leur contexte, chaque « compétence » de confiance peut s'envisager de manière autonome : la confiance en soi repose sur la sécurité intérieure, la confiance d'équipe sur les valeurs et les règles partagées, la confiance dans la mission sur le sens et la foi dans l'objectif... Mais raisonner en cloisonnant chaque levier serait illusoire : leur interdépendance est plus forte que leur indépendance. Un levier défaillant ou absent érode lentement les autres, et l'excellence devient inaccessible.

Raisonner en cloisonnant chaque levier serait illusoire : leur interdépendance est plus forte que leur indépendance.

Il est intéressant de constater que les entreprises les abordent généralement de manière séparée et autonome : la formation des collaborateurs d'un côté, des séminaires de team building de l'autre, des réunions stratégiques ensuite, le plus souvent sans aucune coordination préalable et sans fil rouge pour assurer une interaction efficiente et une multiplication des effets. Comment, dans une entreprise, peut-on ne pas associer la direction de la formation aux réflexions stratégiques ? Pourquoi, dans une organisation, imposer des éléments de langage aux managers d'équipe sans leur demander s'ils sont porteurs de sens pour leurs propres collaborateurs ? Comment imaginer une entreprise qui ne travaille pas sa légende et qui ne valorise pas son histoire ?

DES LEVIERS PLUS NATURELS QUE D'AUTRES

Soyons optimistes : nous avons tous naturellement un ou plusieurs leviers de confiance qui s'expriment. Un enseignant qui s'engage dans une banlieue difficile fait montre d'une belle foi et d'une solide confiance dans sa mission. Un créateur d'entreprise qui se lance sur un projet de start-up s'appuie sur une confiance en lui qu'il aura tout intérêt à transmettre à ses futurs collaborateurs ou à ses investisseurs.

Plusieurs facteurs contribuent à créer « naturellement » un levier de confiance : notre culture, notre éducation, la foi de nos parents ou de nos amis dans ce que nous faisons. D'autres facteurs renforcent un levier : notre formation, notre environnement socioculturel, nos expériences assoient la confiance ou les confiances que nous utilisons. Mais ces mêmes facteurs peuvent, à l'inverse, éroder ou empêcher ou inhiber l'expression d'un levier de confiance. Il faut alors savoir jouer sur les autres et leur interdépendance.

DES LEVIERS INTERDÉPENDANTS

Les niveaux de confiance interagissent les uns sur les autres, de manière positive ou négative. Les envisager individuellement est contre-productif. Mais comment créer la délicate alchimie de l'excellence si on mélange les ingrédients au hasard ?

CHAQUE LEVIER RENFORCE LES AUTRES

La confiance en soi d'un équipier est censée renforcer naturellement la confiance que son équipe va placer en lui. Prise dans le sens d'un assemblage de compétences, l'équipe a tout intérêt à intégrer en son sein des collaborateurs compétents et qui ont en eux une confiance forte pour lui permettre de faire face à la mission qui lui est confiée. De la même façon, une équipe qui a confiance en elle sera poussée à avoir confiance dans la mission qui lui est confiée, si elle est certaine de posséder les compétences nécessaires à cet accomplissement et si elle adhère au sens qui lui a été communiqué. Les confiances en soi, d'équipe et dans la mission étant élevées, elles emportent la confiance hiérarchique : un chef qui sait que son équipe croit en ce qu'elle fait, et qu'elle le fait en réunissant des « experts » compétents qui fonctionnent efficacement, n'a aucune raison de ne pas placer toute sa confiance en elle. Le faisant, il donne à l'équipe la possibilité de croire en lui. Et si par-dessus tout, l'équipe base sa compétence sur l'apprentissage du passé et de son histoire, nous atteignons une performance maximale dans son mode de fonctionnement et d'action. Les cinq leviers de confiance se renforçant, ils créent un cycle vertueux dans la quête de l'excellence.

UN LEVIER DÉFAILLANT DÉSTABILISE LES AUTRES

Le cercle vertueux des leviers de confiance peut aussi se transformer en cercle vicieux. Une défaillance sur un des niveaux de confiance et tout le système peut s'écrouler. Au sein d'une équipe spécialisée dans le renseignement économique, une quinzaine d'experts fonctionnent de concert depuis presque trois ans. Un nouveau directeur de département est nommé pour en prendre la charge. Mais les méthodes de management de ce nouveau chef vont à l'encontre de ce que faisait son prédécesseur : il cloisonne les missions, cache des informations à ses équipiers, et fait courir des rumeurs au sein de l'équipe pour juger du niveau de loyauté de chacun. Après quelques semaines, les experts commencent à s'observer avec méfiance, ne sachant pas lequel d'entre eux livre des informations au directeur. Le travail collectif s'en ressent, et la qualité des analyses s'étiole. Devant des mises en responsabilité de plus en plus fréquentes lors des réunions de suivi, certains équipiers se mettent à douter de leur propre compétence, et deux d'entre eux demandent leur changement de direction. Les nouveaux experts recrutés pour les remplacer ne sont pas intégrés dans l'histoire de leur équipe, le directeur de département préférant nier les succès de son prédécesseur et mettre le manque d'efficacité de l'équipe sur le compte de défaillances individuelles. Dès lors, les deux nouveaux experts préfèrent faire cavalier seul, ce qui monte le reste de l'équipe contre eux. En quelques mois, une rupture de la confiance hiérarchique a cassé la confiance d'équipe, la confiance en eux de certains experts, et a ruiné la confiance dans l'histoire que l'ancien directeur avait créée. L'équipe a été dissoute quelques mois plus tard devant son manque flagrant d'efficacité.

Les combinaisons entre les leviers de confiance ont pour vocation de créer un cercle vertueux, mais un simple déséquilibre, s'il n'est pas contrôlé et corrigé, peut déstabiliser tout le système de performance.

LES COMBINAISONS ENTRE LES LEVIERS

Dans la cadre de leur développement, chaque niveau de confiance fait l'objet d'un travail individuel[1]. Dans l'action, chaque levier agit sur les autres pour renforcer l'efficacité globale. Un seul levier, à lui seul, ne permet pas grand-chose. Associé à un second, il génère des effets, mais pas encore l'efficacité. À partir de trois leviers, l'impact de l'action commence à se faire sentir et à créer l'efficacité. Au quatrième, l'efficience se révèle. Mais c'est quand les cinq leviers se conjuguent que l'excellence est accessible : la performance durable et efficiente.

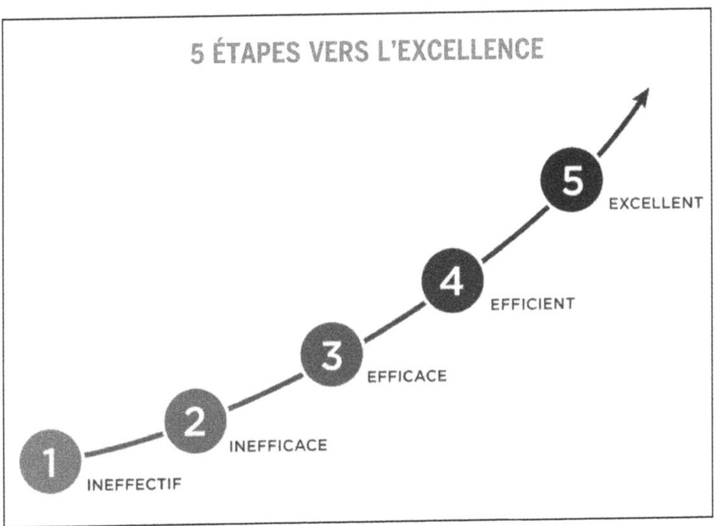

1. Cf. supra.

AUCUN LEVIER : L'IMPUISSANCE

Au fil des missions sur lesquelles nous avons été engagés, nous avons parfois rencontré des personnes qui ne possédaient aucun des leviers de confiance, ou des collaborateurs dont les niveaux de confiance étaient si faibles qu'ils étaient insignifiants. Autant dire que leur seul impact sur leur organisation était de faire acte de présence. Ceux qui ne disposent d'aucun levier de confiance sont classés dans les Slowers[2], qui ralentissent le fonctionnement de l'organisation : ils n'agissent à aucun niveau de l'entreprise et ne perçoivent même pas le sens de leur mission. Ils ne sont pas toujours les seuls responsables de cet état de fait : un collaborateur qui ne sait pas comment faire le travail qu'on lui demande, qui n'a donc pas la confiance ni de son équipe ni de son chef, et qui n'adhère pas à la mission de son entreprise ni à son histoire a été soit mal recruté, soit mal intégré, soit mal formé, soit mal managé.

Dans une équipe en charge de la logistique d'un groupe industriel, un intervenant extérieur, chargé de monter un module de formation, rencontre chacun des équipiers pour évaluer leur niveau d'engagement dans l'équipe. En passant devant une salle, il observe un collaborateur assis devant un bureau et qui joue au solitaire sur son ordinateur. Il interroge le responsable de l'équipe au sujet de cette situation étrange : « Non, lui, ce n'est pas la peine de l'interroger. Il nous a été mis dans les pattes il y a deux ans, et franchement, je ne sais toujours pas à quoi il sert. Il ne s'est jamais intéressé au job, et de toute façon ni moi ni les autres membres de l'équipe ne pouvons lui faire confiance. On attend soit qu'il soit viré, soit qu'il prenne sa retraite. Mais comme il est à l'heure, poli et disponible, je ne sais

2. Cf. chapitre 4 « La confiance hiérarchique ».

pas comment le virer. Pourtant, je ne peux lui confier aucune mission, il ne sert à rien. » Sans savoir-faire, sans sentiment de faire partie de la mission ou de l'entreprise, ce collaborateur abandonné par son chef et son équipe ne peut que se borner à faire acte de présence. Mais la solution est-elle de s'en débarrasser ? S'il se montre disponible, peut-être attend-il qu'on le forme pour faire le travail qu'on lui demande ? Pour ensuite l'intégrer dans l'histoire, puis dans la mission, puis dans l'équipe ? Faire d'un Slower un Follower est une responsabilité partagée entre le collaborateur et son organisation.

Faire d'un Slower un Follower est une responsabilité partagée entre le collaborateur et son organisation.

Il est intéressant de constater qu'en plus de n'avoir aucune valeur ajoutée dans l'organisation, ceux qui ne possèdent aucun des niveaux de confiance sont enclins à se radicaliser et à se monter contre le « système » qu'ils jugent le plus souvent incapable de reconnaître leurs talents ou leurs compétences.

UN SEUL LEVIER DE CONFIANCE : L'INEFFECTIVITÉ

Quand un seul niveau de confiance existe, mais qu'il ne peut s'appuyer sur les autres, il confine à l'ineffectivité : tout ce qui est fait ne produit pas d'effet suffisant pour être valorisé.

Dans un cabinet ministériel, un juriste est recruté pour remettre à plat la réglementation liée à un secteur stratégique. Spécialiste émérite, brillant juriste, il possède une confiance en lui très forte et a prouvé à plusieurs reprises dans des missions précédentes sa capacité à faire et à faire face ; il est la personne idéale pour cette mission. Pour réaliser sa tâche, il doit s'appuyer sur une équipe interne qui ne lui fait absolument pas confiance : chacun se demande pourquoi on a fait appel à un recrutement externe pour faire ce job. Son chef direct ne lui fait pas confiance, car il n'est pas issu de l'ENA : pour son patron, il est juste un rat de bibliothèque, incapable de prendre conscience de l'importance de la tâche qui lui est confiée. Quant à la confiance dans sa mission, il ne lui faudra pas plus de quelques semaines pour s'apercevoir que sa présence n'a eu qu'un intérêt d'annonce politique. Son ministre de tutelle ne l'a d'ailleurs jamais reçu depuis son arrivée. Enfin, en échangeant avec les quelques membres du cabinet qui lui parlent, il va comprendre que ce fonctionnement de compétition interne est une habitude dans ce cabinet ministériel, ce qui va ruiner le peu de confiance en l'histoire qu'il aurait pu avoir en arrivant. Bien que doté d'une forte confiance en lui, l'absence des autres niveaux de confiance va ruiner sa capacité à produire des effets au sein du ministère.

DEUX LEVIERS DE CONFIANCE : L'INEFFICACITÉ

La première combinaison de leviers commence quand deux niveaux de confiance se rencontrent. Deux leviers conjugués produisent des effets, mais ces effets sont peu efficaces sur le résultat final recherché.

Au sein du service qualité d'une société de construction de pièces détachées automobiles, un manager est identifié au sein des effectifs pour réformer les procédures qui régissent l'audit des sites de production répartis dans le monde. Ce manager n'a jamais travaillé dans ce secteur, mais a fait preuve de qualités d'organisation qui pourraient se révéler cruciales dans ce nouveau poste. Il a indéniablement la confiance de son chef, qui l'a choisi personnellement et qui l'a convaincu d'accepter ce poste. Il dispose aussi de la confiance *a priori* de son équipe, qui espère depuis longtemps un leader capable de remettre à plat des procédures que tous jugent soit trop lourdes, soit inefficaces. Pourtant, le manager va échouer : il va produire des trames de procédures, mais qui s'avéreront peu efficaces pour le travail des auditeurs. Dans le cadre d'un échange avec ce manager pour comprendre les raisons de son inefficacité, il apparaît qu'il lui manquait d'autres leviers de confiance que celle de son chef et celle de son équipe. La confiance en soi tout d'abord : lors du recrutement, il n'a pas osé dire qu'il ne croit pas en sa mission. Ce manque de confiance en soi l'a contraint à accepter une mission qu'il déconsidère. Certes, il est doté de compétences reconnues, mais le métier de l'audit ne l'intéresse absolument pas : il n'a donc aucune conviction envers la mission confiée. Dès lors, il ne se sent aucune compétence particulière pour réaliser sa tâche, estimant qu'il n'a pas les aptitudes techniques nécessaires, ce qui affecte sa confiance en lui. Quant à la confiance dans l'histoire, il ne se sent pas investi dans la direction des audits qu'il n'a finalement pas choisie. Les deux niveaux de confiance n'ont pas été suffisants pour engager ce manager : il a produit des effets sur son service, mais qui n'ont pas été efficaces pour aboutir au résultat final recherché. L'efficacité ne se décrète pas : contraint par un recrutement qu'il a considérée comme « forcé », du moins très appuyé, le manager n'a pas osé dire non à son supérieur. Dès lors, sans autre levier de confiance, il s'est montré inefficace. Alors, comment l'engager de manière plus propice au succès ? Tout d'abord en jaugeant sa motivation personnelle : son chef aurait pu l'interroger sur sa réelle volonté de prendre le poste, sur la compétence qu'il pensait avoir ou ne pas avoir pour le job. Mais peut-être a-t-il été aveuglé pas son souhait de le recruter absolument ? Ensuite, en l'intégrant plus fortement à l'histoire du service, pour lui montrer que même si les procédures n'étaient pas parfaites, l'équipe arrivait à obtenir des résultats qui ne demandaient qu'à être améliorés, ce qui aurait également eu l'effet de lui donner confiance dans sa mission. Quelques détails suffisent parfois à provoquer la réaction alchimique de la confiance.

TROIS LEVIERS DE CONFIANCE : L'EFFICACITÉ

L'efficacité, dans le sens de l'obtention d'un effet recherché, commence avec la combinaison de trois leviers de confiance. C'est, si l'on en croit nos expériences respectives, le socle minimal du début de la performance. Et la combinaison la plus souvent constatée est la confiance en soi, associée à la confiance dans la mission et la confiance dans l'histoire.

En 1940, Churchill, qui vient d'être nommé Premier ministre britannique, fait face à un choix crucial : négocier ou non une paix avec Adolf Hitler. L'Angleterre vient d'être défaite à Dieppe, et le peuple anglais redoute l'invasion allemande. Dans le comité de guerre, Churchill ne peut pas compter sur aucune aide : Chamberlain et Halifax n'attendent qu'une chose, que Churchill commette une erreur, et tous deux sont favorables à une négociation avec l'Allemagne nazie. Le Premier ministre ne peut pas compter sur la confiance de son « équipe », le comité de guerre est majoritairement favorable à une discussion avec les Allemands, poussés par Mussolini qui se propose de jouer les entremetteurs, et par Laval qui espère une capitulation de l'Angleterre. Churchill ne peut pas non plus compter sur la confiance hiérarchique de son chef, à savoir le peuple anglais, qui a beaucoup plus peur du communisme de Staline que du nazisme d'Hitler. Mais Winston Churchill peut asseoir son choix sur trois niveaux de confiance : sa confiance en lui tout d'abord. Il a vécu tout au long de sa vie des expériences heureuses et malheureuses qui lui donnent une assurance redoutable. La confiance dans sa mission : Churchill est un homme d'État, visionnaire, qui sait qu'une paix signée avec l'Allemagne entraînerait un asservissement de son pays. La confiance qu'il a enfin dans l'histoire de l'Empire, qui a su au fil des siècles faire face, même dans le cadre d'une guerre difficile. Trois niveaux de confiance qui lui ont permis de refuser de négocier avec les nazis, décision sans laquelle l'Europe ne serait probablement pas ce qu'elle est aujourd'hui.

QUATRE LEVIERS DE CONFIANCE : L'EFFICIENCE

L'efficience est l'efficacité au moindre coût. Mais pourquoi la combinaison de quatre leviers est-elle généralement synonyme d'efficience ? Non pas que cette combinaison soit parfaite, puisqu'un dernier levier lui fait défaut, mais elle contribue à donner une confiance globale suffisamment forte pour permettre l'audace et la créativité, qui contribuent à l'économie des moyens et/ou à l'utilisation de moyens nouveaux.

Les combinaisons à quatre leviers sont nombreuses, et il serait difficile ici de les envisager toutes. Mais il semble que l'adjonction d'un quatrième renfort au socle minimal des trois premiers leviers de l'efficacité apporte un effet multiplicateur considérable, comme si la vraie valeur ajoutée commençait à se produire à ce moment-là.

Les équipes de sauvetage en mer des US Coast Guards sont considérées comme les meilleures du monde : une sélection et un entraînement draconien, du matériel de pointe, un monde de fonctionnement quasi militaire, une discipline opérationnelle très présente, tout concourt à la recherche de la performance optimale, dans un environnement où la mort est à portée de la main. Lors d'une rencontre internationale, un sauveteur expérimenté a évoqué une situation qu'il a vécue au cours de sa longue carrière ; cette expérience nous a marqués. Intégré comme jeune officier dans une équipe de sauvetage, ce professionnel a une confiance en lui à toute épreuve, conférée par un long entraînement et sa brillante réussite aux tests de sélection. Il va intégrer une organisation dont l'histoire va lui être transmise par ses anciens, avec des traditions fortes et porteuses de sens. Sa mission, secourir en mer les bateaux en danger, le transcende et lui permet d'oublier la difficulté de l'entraînement et les dangers de son métier. Il va être entouré de professionnels comme lui, motivés par leur mission et tous dotés d'une compétence travaillée au quotidien. Mais il doit faire face à l'animosité de son chef : celui-ci ne l'aime pas et le lui fait bien sentir, peut-être parce qu'il est brillant et qu'il a des idées nouvelles sur le métier de sauveteur. Qu'importe, ce jeune officier va s'engager dans sa tâche avec une ardeur et une motivation qui l'amèneront à repenser des méthodes d'intervention qu'il juge dépassées et à proposer de nouvelles procédures opérationnelles jugées par tous comme innovantes et plus sécurisantes. Malgré l'opposition systématique de son chef, qui fait tout ce qu'il peut pour lui mettre des bâtons dans les roues, il va lancer des réflexions internes sur le développement de nouveaux matériels. Après plusieurs années de labeur, son patron finira par quitter l'unité pour prendre sa retraite : il pourra alors laisser parler pleinement sa créativité au service de son métier. À l'évocation de son expérience, une question lui est posée par un des participants à la rencontre : comment a-t-il pu rester motivé et créatif pendant ces années de combat avec son chef, alors qu'il aurait été facile de rester dans son coin en attendant que celui-ci ne parte ? La réponse du sauveteur fut brève : « J'avais confiance dans mon équipe et dans mes propres compétences : nous appartenions à une magnifique unité des Coast Guards, faite de tradition et de modernité, et quand on sauve des gens tous les jours, on ne se laisse pas arrêter par les petites brimades d'un chef acariâtre. » En quelques mots, il avait résumé sa quête de l'excellence : confiance en lui, en son équipe, en son histoire et en sa mission. Quatre leviers pour lui permettre de rechercher sans cesse une efficacité créative. Imaginez le temps qu'il aurait gagné s'il avait, en plus, eu la confiance de son chef…

CINQ LEVIERS DE CONFIANCE : L'EXCELLENCE

Associés et conjugués, les cinq leviers de confiance créent une dynamique vertueuse redoutable : le doute juste, l'adaptation permanente, l'efficacité durable, chaque fois, pour asseoir l'excellence opérationnelle et décisionnelle des équipes à haute valeur ajoutée. C'est le graal des organisations, la voie de l'excellence.

Impliquée dans la gestion d'une extorsion aux systèmes d'information, appelée *ransomware*, une équipe de négociateurs professionnels va devoir faire preuve d'excellence. Démunie et perdue devant cette situation inédite, l'entreprise cliente de cette équipe va mettre en elle toute sa confiance pour gérer cette crise et lui donner carte blanche : la confiance hiérarchique est acquise. L'équipe constituée pour la mission regroupe des négociateurs professionnels, aguerris aux situations de crise, des hackers « blancs[3] », rompus aux techniques de leurs adversaires « pirates », et des spécialistes de l'analyse stratégique, experts dans l'anticipation et la prévision des coups de l'adversaire. Chaque équipier fait partie des meilleurs, tous travaillent ou s'entraînent ensemble depuis longtemps et utilisent le même référentiel, le référentiel Pacificat®, pour travailler de concert[4] : la confiance en soi et la confiance d'équipe sont acquises. Le débriefing et l'apprentissage font partie de la pratique de ces professionnels, qui tirent sans cesse des enseignements de leurs pratiques : la confiance dans l'histoire est une des bases de leur mode de fonctionnement. Enfin, leur mission est une vocation, et la performance n'est pas négociable : dans leurs têtes, ils n'ont pas une simple obligation de moyens, mais une véritable obligation de résultat. Fort de ces cinq leviers de confiance, l'équipe va mener les négociations avec les pirates informatiques de main de maîtres : créativité, agilité, adaptation vont être les maîtres mots de cette crise, qui ne va durer que quelques jours et qui va se régler sans qu'aucune rançon ne soit payée. Les négociateurs auront même le loisir d'obtenir des informations sur les pirates, qui permettront de neutraliser leur réseau criminel quelques mois plus tard. Cinq leviers de confiance, et alchimie gagnante pour une performance redoutable mise en œuvre par l'équipe.

Soyons objectifs : les équipes capables de maintenir un niveau de confiance optimal sont rares. Les conflits internes mal gérés, un nouveau chef, une mission qui perd de son sens, et c'est un fragile équilibre qui s'effondre. Garder

3. Hackers éthiques, issus de services étatiques.
4. Pacificat®, référentiel des négociateurs professionnels.

le cap et maintenir la recherche de l'excellence est un combat quotidien qui demande beaucoup d'engagement, une discipline personnelle et collective forte, et beaucoup d'énergie. Il est souvent nécessaire de recréer une confiance globale perdue ou de reconstruire des leviers de confiance délabrés.

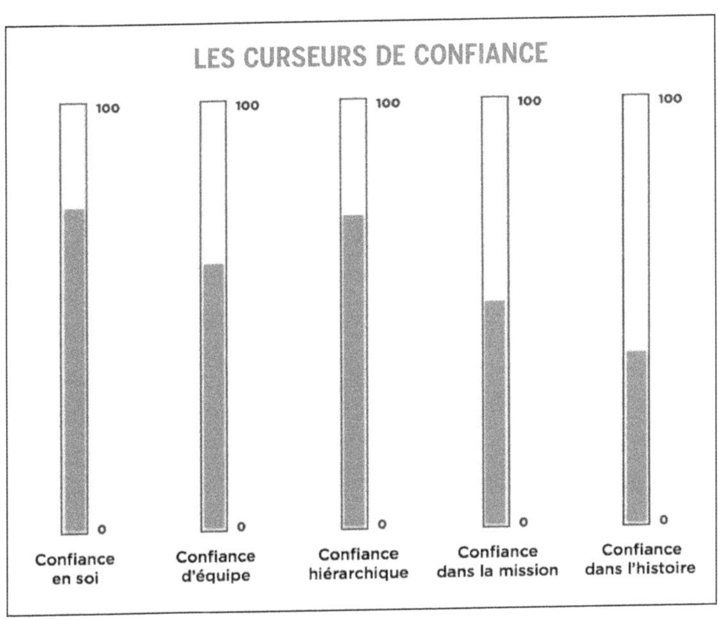

RECRÉER LA CONFIANCE PERDUE

Intégrer ou reprendre à sa charge une organisation qui a perdu confiance est une tâche complexe, mais passionnante. Redonner la foi à une équipe à la dérive, reconstruire des liens fiables entre des collaborateur qui se haïssent, faire adhérer à une mission à laquelle personne ne croit plus constitue certainement les actes de management les plus difficiles qui soient.

REPRENDRE LES BASES

On ne construit rien de solide sur du sable. Face à une organisation défiante, il faut revenir aux fondamentaux et analyser point par point les défauts du système.

La première étape repose sur la clarification de la mission. Pour un leader, avoir une vision grandiose n'est pas difficile. Mais l'ambition est-elle réaliste ? Et si elle l'est, les équipes l'ont-elles bien compris ? Combien de fois avons-nous constaté que les collaborateurs n'avaient pas conscience de la mission globale à laquelle ils participaient ? Sans la conviction de faire quelque chose de grand, l'engagement est difficile. Mais si chacun sait que son action, même infime, participe à la victoire finale, rien ne s'oppose à ce qu'il s'implique pleinement.

La seconde étape s'attache à la confiance hiérarchique : les équipes ont-elles confiance en leurs chefs, et les chefs montrent-ils qu'ils croient en elles ? Pourquoi n'avancent-elles pas derrière leur leader ? Il s'agit souvent d'un manque d'expression de la confiance, ou d'une absence de confiance avérée : la violence de la défiance crée des blessures longues à cicatriser.

La troisième étape consiste à analyser la confiance dans l'histoire : avons-nous valorisé nos succès et appris de nos erreurs ? L'ADN de l'entreprise a-t-elle été correctement analysée et transmise aux nouvelles générations de collaborateurs ? Si les gènes des succès passés sont implantés à tous, l'histoire devient un gage d'avenir.

La quatrième étape du diagnostic s'intéresse à la confiance en soi : quel est le quotient d'insécurité de l'entreprise ? Comment l'appétence à l'incertitude a-t-elle été développée ? La sensibilisation à la complexité n'est pas fréquente dans les organisations, elle est pourtant fondamentale à la confiance en soi. Vient ensuite la formation et l'entraînement : les collaborateurs se sentent-ils capables de faire et de faire face ?

La dernière étape repose sur le travail d'équipe : pourquoi les collaborateur se tirent dans les pattes ? Comment remettre le collectif au cœur de la performance ? Les règles du jeu fondent la confiance d'équipe et la cohésion dans la durée, mais sont-elles vraiment appliquées ? Et si elles le sont, le sont-elles de manière juste et équitable ?

RECONSTRUIRE L'ENVIE DE L'EXCELLENCE

Engager une organisation qui souffre dans un processus de reconstruction de la confiance globale demande du temps, de la volonté et de la méthode. Pour parvenir à l'Excellence opérationnelle, il est impossible d'agir contre les autres, sans l'adhésion de tous et sans leur engagement permanent : on ne décrète pas la confiance d'un simple claquement de doigt ou par des incantations appuyées lors d'un séminaire d'entreprise.

Il n'existe pas de cheminement idéal dans la reconquête de l'envie de l'excellence.

Il n'existe pas de cheminement idéal dans cette reconquête de l'envie de l'excellence, mais l'enchaînement qui va suivre a porté ses fruits dans de multiples situations que beaucoup croyaient désespérées :

1. Commencer par redonner confiance dans la mission : sans mission collective, sans challenge porteur de sens, il n'y a pas d'équipe. En redonnant de la consistance à l'objectif collectif, on redonne l'envie aux collaborateurs

de s'intéresser à un projet commun auquel, s'ils le souhaitent, ils pourront apporter leur pierre ;

2. Rappeler l'histoire : pourquoi l'organisation est ce qu'elle est aujourd'hui. Les échecs et les blocages qui impliquent que la confiance est à reconstruire doivent être évoqués clairement et objectivement : on ne bâtit rien sur des non-dits ou des conflits mal digérés. Il y a eu des bagarres internes ? Soit. Alors, parlons-en maintenant et soldons les comptes définitivement. Après l'évocation des difficultés, il faut rappeler les succès passés et les bonnes choses qui ont été réalisées. Tout n'est pas à jeter dans une histoire difficile, il faut aussi savoir valoriser les comportements et les pratiques qui ont su être efficaces ;

3. Donner la confiance hiérarchique : le leader qui cherche à reconstruire une organisation blessée doit donner sa confiance et l'exprimer haut et fort : « Je crois en vous, je sais que vous allez y arriver. » Ce moment incantatoire est un pari sur l'avenir, une impulsion dans laquelle le leader prend le risque de se tromper. Mais il est important que ses collaborateurs reçoivent son soutien *a priori*, et que sa confiance soit une preuve de son ambition dans l'objectif collectif. Osez dire que vous croyez dans vos équipes ;

4. Travailler la confiance en soi : fort de ces trois premiers leviers, chacun doit se retourner sur sa propre contribution à la recherche de l'excellence : « Qu'est-ce que je fais, que sais-je faire, sur quoi je dois travailler pour être encore meilleur ? » Développer la sécurité intérieure à ce moment du processus de reconstruction de la confiance permet de renforcer l'envie individuelle de participer à un collectif. « Si je sais faire et si je sais faire face, je n'ai plus de raisons d'hésiter à m'engager pleinement » ;

5. Montrer à chacun l'intérêt qu'il a à travailler en équipe : on ne décrète pas l'esprit d'équipe. Au quotidien, en débriefant les missions en cours, les missions réalisées et les entraînements, le leader doit montrer à chacun pourquoi le collectif fait toute la différence. Quand chaque membre du groupe comprend qu'il est plus efficace dans son travail personnel parce qu'il travaille avec les autres, la confiance d'équipe s'installe naturellement.

CONCLUSION

Le principe de réalité, une analyse objective de notre environnement, la lecture de nos quotidiens, le déversement constant d'informations sur nos chaînes télé nous obligent à l'accepter : nous vivons dans un monde de plus en plus complexe et incertain. Penser le contraire serait naïf, laisser croire le contraire serait criminel. L'insécurité globale est croissante, les prévisions sont aléatoires ou hasardeuses, et chacun, du simple quidam jusqu'aux plus grandes organisations, est enclin à se renfermer sur lui-même. La solution de facilité consiste à faire l'autruche, en enfonçant la tête dans un trou. Ainsi, en écartant visuellement le danger, on ne risque plus rien.

Face à cette incertitude et à ce bouleversement permanent, un fonctionnement basé sur l'adaptation, le courage, l'agilité et la confiance est inéluctable. Ce n'est même plus une question d'efficacité, de mode managériale ou d'éthique d'entreprise : c'est une question de survie, pure et simple. Darwin pensait que l'espèce qui était capable de survivre n'était ni la plus intelligente, ni la plus forte, mais celle capable de s'adapter, et notamment de s'adapter avant les autres. Adaptation, vitesse, courage, engagement, rien qui ne puisse s'envisager sans un minimum de confiance. Or, nous n'aimons pas l'incertitude, et nous aimons encore moins prendre notre part de responsabilité dans la manière d'y faire face : tout le monde est pour le changement, mais personne n'est prêt à changer.

Depuis des années, les crises de confiance successives minent l'efficacité de notre pays et de ses organisations, qu'elles soient publiques ou privées. L'autorité hiérarchique, quelle qu'elle soit, est mise à mal. Ceux qui sont censés prendre les décisions courageuses ne cherchent qu'à plaire ou qu'à calmer les minorités bruyantes pour faire croire que tout va bien. Ceux qui doivent appliquer les décisions qui leur déplaisent se trouvent des excuses : le nombre de Slowers[1], ces ralentisseurs du système, n'a jamais autant augmenté, entraînant une inertie mortifère. Les réfractaires au changement s'enferment en rigidifiant leur comportement, tout en rejetant la responsabilité sur un système auquel ils ne croient plus, mais dont ils profitent et dont ils sont pleinement partie prenante : celui qui se voue à l'action trouve des moyens, celui qui se dérobe à l'action trouve des excuses.

La création des leviers de confiance relève d'une responsabilité partagée entre tous les membres des organisations : chaque collaborateur, quel que soit son niveau hiérarchique, doit s'approprier les leviers qu'il a à portée de main. Espérer et attendre qu'on vienne nous les apporter ne ferait de nous que des grenouilles, de celles qui finissent par mourir ébouillantées quand on les place dans une marmite d'eau froide et que l'on fait chauffer doucement : prises par une douce inertie et une mortelle torpeur, elles ne s'aperçoivent pas qu'elles vont succomber à la chaleur de l'eau.

En pleine crise de confiance, il faut créer une confiance de crise. Face à la violence de la défiance, il faut se poser

1. Cf. chapitre 4 « La confiance hiérarchique ».

les bonnes questions et avoir le courage d'y apporter des réponses concrètes, pragmatiques, audacieuses, indispensables, de bon sens. Il n'existe aucune recette magique, aucune formule secrète, qui recrée la confiance perdue ou blessée, ou qui développe en une incantation ou un claquement de doigts les cinq leviers de confiance. Mais le temps, la détermination, l'envie, la mission, la foi dans les femmes et les hommes qui animent et font vivre les organisations fondent la construction d'une envie d'excellence qui nous fait trop souvent défaut. L'excellence, la performance agile, durable, pertinente, n'est plus négociable.

Et vous, dans tout ça ? Avez-vous envie de cette excellence que nous appelons de tous de nos vœux, mais pour laquelle nous hésitons à bousculer le système ou à changer nos comportements ? Si nous sommes conscients que la confiance est la base de la performance durable et efficiente dans un monde d'insécurité, quels sont les engagements et les actions que vous allez décider, après avoir fermé ce livre, pour prendre le contrôle de vos cinq leviers de confiance ?

POUR MÉMO

CIRCLE® OF TRUST

Acceptez la Complexité

Acceptez l'Incertitude

Prenez des Risques

Acceptez la Confiance

Encouragez la Loyauté

Recherchez l'Excellence

OBLIC®

Objectifs

Besoins

Limites

Impacts

Contraintes

LFS®

Leaders

Followers

Slowers

SERIN®

La Satisfaction personnelle

L'Excès de confiance

La Relativisation

L'Interrogation de la compétence

La Nouvelle compétence

BRRAC®

La Blessure personnelle

La Riposte

La Rationalisation

L'Acceptation partielle

Le Changement construit

INDEX

TABLE DES FIGURES

Imprimé en Allemagne par BoD

www.ingramcontent.com/pod-product-compliance
Ingram Content Group UK Ltd.
Pitfield, Milton Keynes, MK11 3LW, UK
UKHW021044220726
13924UKWH00006B/2245

9 782212 565133